神奈川を制するものは全国を制す

松坂大輔（横浜）と名将渡辺元智監督

JN243549

スーパースター

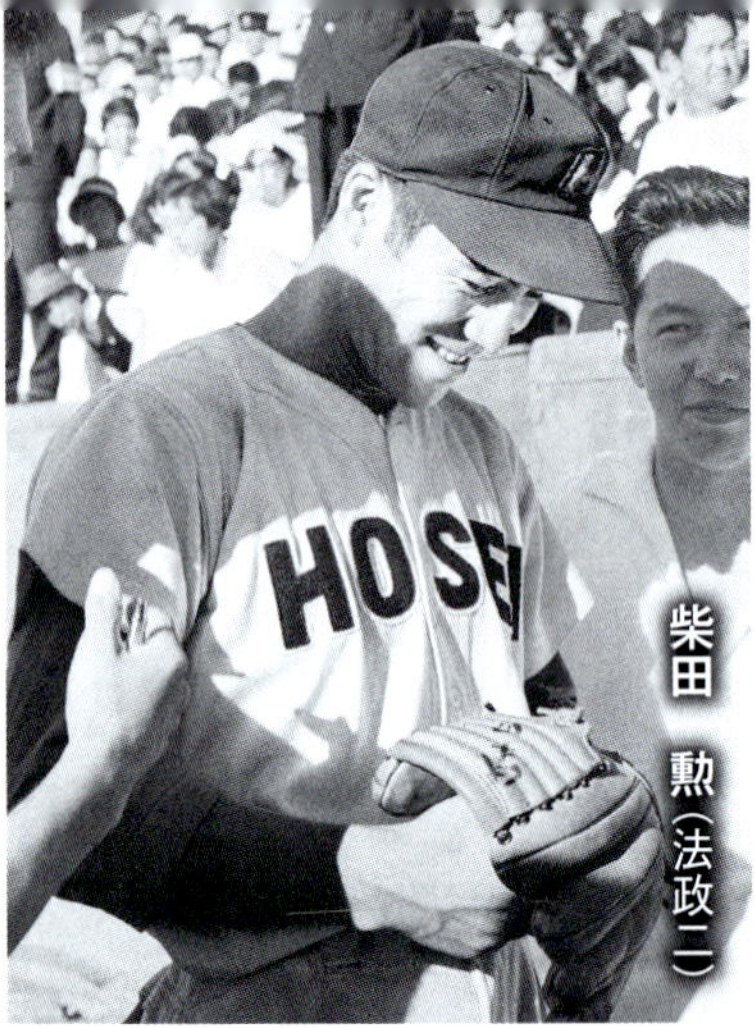

柴田　勲（法政二）

原　辰徳（東海大相模）

愛甲 猛（横浜）

宮城弘明（横浜商）

ライバル対決

絶対的エース

菅野智之（東海大相模）

松井裕樹（桐光学園）

希代のスラッガー

高橋由伸（桐蔭学園）

筒香嘉智（横浜）

伝説の体現

三浦将明（横浜商）

山本昌広（日大藤沢）

田代富雄（藤沢商）

小笠原慎之介（東海大相模）

藤平尚真（横浜）

田沢純一（横浜商大）

今もなお

熱い夏は続く

かもめ文庫 ⑦0

神奈川新聞運動部 編著

K100 神奈川高校野球 真夏の球譜（上）

本書は神奈川新聞の連載「K100　神奈川高校野球」を文庫化したものです。本文中の年齢、肩書等はいずれも新聞掲載時のまま、敬称を省略しました。

土くさい地方紙のプライド　―はじめに

本の表紙カバーに巻く帯の文言は、神奈川の「二大巨頭」に頼もうと決めていた。横浜高校を名門たらしめた渡辺元智さんと小倉清一郎さんの名コンビだ。期せずして2人は、同じ言葉を並べてくれた。

神奈川高校野球は神奈川新聞とともに歩み、育てられてきた―。

リップサービスを差し引いても、なお光栄に思う。この本が誕生したきっかけが、神奈川に土着してきた地方紙の勝手な使命感だったからだ。100回目の夏を迎える歴史、うちが書かないでどこが書くのだと。

そうして2018年元旦から始めた「100回連載」の、前半部分をまとめたのが本書だ。原辰徳さん（東海大相模）や柴田勲さん（法政二）、高橋由伸・現巨人監督（桐蔭学園）ら往年のスーパースターから、松坂大輔投手、筒香嘉智選手（ともに横浜）、菅野智之投手（東海大相模）ら現役のヒーローまで、名選手がずらりと並ぶ。

正直かなり不安だった。正確にはびびっていた。執筆する記者陣は下は25歳、最年長でも42歳だ。昭和のスターたちの高校時代は生で見ていない。「何も知らない若造が」と怒られるのではと。現役選手にだって、「今さらなんすか」と煙たがられるのではと。

トップバッターが原さんだった。連載のスタートを飾るのは、この大スターしかいないということになった。野球少年だった僕にとって、原さんは完全にテレビの中のあこがれの人だ。

関連書籍を何冊も読み込み、高校時代の記事を収録した黄ばんだスクラップを隅々までコピーした。取材を前に緊張で寝付けなかったことなんて初めてだった。

絶対に失敗はできないぞと、取材場所の東京・六本木まで運動部デスクが同行し、直前まで一緒に質問を練りに練った。

すべては杞憂だった。対面した原さんはこう切り出してくれた。

「そういえば神奈川新聞の中村敏さんは元気？　いつも取材を仕切ってくれてね。神奈川球児は、一日も二日も置いていましたよ」

そうか、と思った。我々記者の後ろには、歴々の先輩方がいるのだ。神奈川の高校野球にとって常に一番の理解者であれと教えられ、自責点のあるなし一つもないがしろにするな―と部長やデスクに怒鳴られてきた「神奈川新聞の高校野球担当」たちが。今回の大型連載はいわば、脈々と受け継がれてきた伝統とプライドが書かせたものだ。

本当は神奈川高校野球に育てられ、そして支えられてきたのは神奈川新聞の方だ。監督や高野連をはじめとする関係者の方々にかわいがっていただき、選手や家族、ファンの皆さまに愛していただいた歴史があるからこそ、高校野球の記事を、弊紙の「看板」にまで成長させることができたのだ。

結局、取材を申し込んで断られた人はほぼいなかった。誰しもがやはり、全国最激戦区といわれる高校野球のメッカで過ごした3年間に特別な思い入れを持っていた。当時の栄光やほろ苦い記憶、今だからこそ語れる本音、そして未来を思うからこその提言…。そこには少なからず、「神奈川新聞だから」と語ってくれた言葉の数々があった。

手前みそに調子に乗らせていただくと、間違いなく「うち」にしか書けない高校野球連載を本にまとめることができた。これこそはまさに、神奈川というグラウンドに刻まれてきた、真夏の球譜だ。

神奈川新聞運動部「K100取材班」キャップ　佐藤将人

目次

K100　神奈川高校野球
スーパースター編

大正、昭和、平成と時が流れても国民的行事であり続け、今夏には100回目の記念大会を迎える夏の甲子園。日本人が、ここまで高校野球に魅せられるのはなぜなのか。2018年、神奈川新聞社の連載「K100　神奈川高校野球」はその答えを探す旅に出た。「スーパースター編」では、全国一の熱を持つ神奈川高校野球を彩ったスーパースターたちに問いかける。高校野球が愛される理由は何ですか？

東海大相模　原　辰徳

16歳、運命受け入れ

フィーバーを起こした張本人は、どこか人ごとのように話すのだった。

「神奈川の高校野球はすごいよね。保土ケ谷球場のわれわれの試合は、お客さんが入りきらないから川崎球場に持って行かれるわけです。(高2夏の神奈川大会準決勝で）日大高校とやった時なんかは、僕が4打席目まで敬遠されて。そうしたら、観客席から物が投げ込まれちゃってね」

東海大相模が生んだ希代のスーパースター、原辰徳が残した伝説は数知れない。ファンレターが1日数十通届いた。ファンからの電話が鳴りやまず、寮の女子マネジャーが寝不足になった。東映からは、主演映画のオファーまであった。

1974年夏に1年生で甲子園に出場し、当時のアイドルだった鹿児島実業の定岡正二（元巨人）と延長十五回に及ぶ名勝負を繰り広げてから、日本の高校野球は「辰徳フィーバー」一色だった。

「僕は野球が好きなだけなのに、どうして放っておいてくれないんだ」。そんな戸惑いは当然あったが、1年生の終わり頃には、捨て去っていたという。

「あの夏から世界の景色が変わってしまった。最初はどうして自分だけと思いましたけどね。でも、逃げてもつまらなくなるだけじゃないですか。逆にこっちからも共有した方がいいなと」

人気者であること。スターに祭り上げられること。周囲が求める「原辰徳」であること。16歳の少年は、その全てを受け入れた。後に巨人の4番打者となり、監督となり、そして侍ジャパン日本代表を率いて世界一になる「永遠の若大将」の原型が、ここにあった。

神奈川での戦いに話を向けると、真っ先に横浜の名を挙げた。

「当時は横浜が強くて、うちは2番か3番手。Aクラスではなかった。1年夏の決勝前に、神奈川新聞に7対3で横浜有利と書いてあって、父が、そんなことは気にするなと言ってね」

高校時代最高の思い出を聞いた。答えはあまりに直球だった。

「もちろん甲子園とか勝った、負けたというのはあります。でもやっぱり一番は良い友、先輩、そして後輩と同じ目標に向かって、一緒に泣いたり、喜んだりしたことですね。本当に家族や兄弟のようにね。きついことも、つらいことも、みんなで乗り越えていって」

いわば青春そのもの。弱小校でも共感できる普遍的な「高校野球の思い出」だ。

2018年夏、夏の甲子園が100回目の記念大会を迎える。常に毀誉褒貶《きよほうへん》がありながら愛され続けてきた高校野球の魅力

神奈川の高校野球が生んだスーパースター・原辰徳。華麗なプレーとキャラクターで人々を魅了した

は、そこにあるのだと力説する。

「やっぱりね、一心不乱に一丸となって戦う。これは当たり前であるけども、非常に難しい。これが高校野球の最大の魅力だと思います」

ただ、それは今だから言えることだ。70年代に自身が過ごした高校時代は、決して爽やかな青春では片付けられない、過酷なものだった。

父への畏敬胸に秘め

「絶対にやらない。絶対にね」。原辰徳は、即答した。

こう聞いた時だ。生まれ変わっても、また東海大相模で野球がやりたいですか—。

「だって答えがわかっているわけだから。答えが分からないから、挑戦できた。答えが分かっている状態で、『あれ』をもう一度というのは、野球が好きだったら、選ばないでしょうね」

「あれ」というのは、父であり、すでに全国優勝を2度成し遂げていた名将であった貢(故人)との日々を指す。

その運命を選んだのは自分だ。「父は、ほかの学校を選択しなさいと言って、中学3年の時、夏の甲子園に連れて行ってくれた。行きたい高校があれば、俺が話をつけてやるぞと」。怪物・江川卓を擁する作新学院などの試合を見て、帰ってきた。

もとより心は決めてあった。思いを告げると、こう言われた。

「いいか辰徳。ほかの選手が1発殴られるところ、おまえは3発だ。そのくらいやって、周りは俺の息子であるおまえを公平に見るだろう。おまえはそれに耐えられるか」。実際に待っていたのは、それ以上の仕打ちだった。

1年生の春からレギュラーになった。初めての夏には神奈川大会で5割という打率を残し、甲子園まで行った。

「最初からずぬけた技術があったとは思う。それでも人より叱られ、怒られる。だから先輩も『あれ、おまえの親父だよな』と言ってくれる。同情がチームの和につながっていった。それが父の目的だったんでしょう」

1度だけ、本気でやめようと思った。3年生になり、最後となる夏の大会が近づいていた頃だ。

今になっても理由が定かではない「理不尽なきっかけ」で、監督が激高した。「なんだその態度は！　ちょっとこい！」

殴られ、蹴られ、素手でノックを捕れと言われた。倒れてもよけても、遠慮ない当たりが襲う。「絶対にやめる」。もうろうとする意識の中、そう誓っていた。

今思えば、最後の大会前にチームを引き締める「見せしめ」だということがわかる。だが、17歳の青年にそれで全てを許せというのは、酷だ。

「ただ次の日の朝、練習に行ったんですよね。その時『負けたな』と思いました。心のどこかでやはり、父のことを尊敬していたんでしょうね」

そして夏、東海大相模は3連覇を達成する。父子鷹で臨んだ3年間、夏は一度も神奈川で負けなかったことになる。

辰徳自身、通算4度目となる最後の夏の甲子園が初戦で終わった時、少しだけ泣いた。「でもそれは悔し涙ではなく、うれし涙だったのかもしれません。ああ、これで父から解放されると」

初めて聞いた弱音

父への尊敬、いや畏敬と言った方がいいかもしれない。その源泉は、辰徳が小学校1年生の時に見た光景にある。

当時父は福岡県大牟田市の三池工業を率

試合中、監督である父・貢（右）の話に耳を傾ける辰徳（中央）。当時を振り返り「よくあれだけ鬼になれるものだと思った」と話す＝1976年夏の神奈川大会

い、夏の甲子園で初出場初優勝を遂げた。町を挙げてのパレードが企画された。オープンカーの父に、誰もが手を振っていた。

辰徳少年は、自分までも誇らしくなった。

「15万人の人口のところに、30万人が集まった。小さい町だったからこそ、余計にその光景が大きく見えた」

その中心に、誰でもない自分の父がいるのだ。

炭鉱の町・大牟田は、労働組合同士の衝突で血が流れるほどに、市民が割れていた。追い打ちを掛けるように、炭鉱事故で458人が亡くなった。傷ついた町が、一時的にせよ一つになった。

「ああ、野球ってこんなにも人を喜ばせるものなのかと。父はなんてすごい人なんだと思った」

直後、父・貢は東海大学から引き抜きを受ける。三池工が甲子園2回戦で11—1と打ちのめしたのが、東海大一だった。総長の松前重義はその勇壮ぶりに、ぜひ付属校の指揮をと口説いた。

周囲は大反対した。署名運動まで起こった。三池工野球部は地元の星であり、貢という存在こそは灰色の町を照らす希望の光だったからだ。

見送りのホームには、1万人が駆け付けた。「都で勝負がしたい」。あらゆる思いをその一念で押し込み、貢は神奈川へとやってきた。

だが、新設されて4年目の東海大相模に請われて就任したはずの貢を待っていたのは、まさかの現実だった。歓迎はおろか、前任の指導者は監督交代のことすら知らない。与えられたグラウンドは石ころだらけで、野球どころではない。勇んで向かった「都」で待っていたのは、ひたすら「話が違うじゃないか」の連続だった。

おまけに神奈川新聞社の取材に、法政二を率いて甲子園連覇を成し遂げた田丸仁の野球が全盛だった県内の高校野球界にあって、「田丸野球をつぶす」とぶちまけ、周囲から目の敵にされた。

九州では神様とまであがめられた男が相対する、あまりにも残酷な落差だった。

「でもね、父から弱音は聞いたことがない。強く、前向きでしたね」

ただ、こんなことがあった。当時、原一家は厚木市の緑ケ丘団地に住んでいた。父が夏の神奈川大会で負けた日、団地の隣に広がるゴルフ場へ、何となしに家族を散歩に連れ出したのだという。

「その時の父の背中が、いつもと違うんです。なんとなく縮こまって、小さくて。子どもながらに、ああ勝負ってこんなに悲しいんだと思った。なぜだかその光景は、覚えていますね」

強き男の人間くさい本音を聞いたのは、それから10年近くたった、高校3年夏の終わりだった。

最後の甲子園で負けて、チームは新幹線で帰路に就いた。小田原駅からは小田急線に乗り換えて、相模原に向かった。

寮生活から解放された仲間たちが一人、

また一人と下車していった。すると父に呼ばれた。

2人きりになった。また怒られるのかと、身を固くした。

「なあ辰徳、おまえきつかったろう」

語りかけているのは監督なのか、それとも父なのか、判断がつかない。

続いたのは、思ってもみない言葉だった。

「でもなおまえ、俺もきつかったんだぞ」

初めて聞く、父の弱音だった。

「そのシーンは、鮮明に覚えているんです。そして思ったんですよ。ああ、おれ、野球やっていてよかったなあって」

球史に残る父子鷹の高校野球が、完結した。

類を見ない「物語性」

19―0。

1976年夏の神奈川大会決勝で、東海大相模は圧倒的な勝ちっぷりで向上を退け、3連覇を決めた。いまだに破られていない決勝での最多得点記録の中心にいたのは、3年生の原辰徳だった。

19安打のチームにあって、二塁打2本を含む5安打5得点2打点。準決勝まで長打は1本のみとスランプだったといい、当時の神奈川新聞は「ひのき舞台で開眼した。やはり超一流の役者である」と書き出している。

試合後の本人のコメントも冴えている。

「でも、もうひとつです。ファウルになっ

た当たりなんか、本来ならホームランですよ」

練習の8割を打撃に割き、走塁でもわずかな隙あらば次塁を狙う。負けている九回2死からでも、盗塁を仕掛ける。現在も東海大相模に息づく「圧倒的攻撃野球」は、神奈川を席巻した。

相模は辰徳が抜けた翌年夏も制し、神奈川大会4連覇を達成。以後40年間、県内では3連覇を果たしたチームすらない。間違いなく、相模の黄金時代だった。

だが当人は、当時をこんなふうに記憶していた。「僕たちの時はまだ相模も、桐蔭学園も（学校が）若かった。古豪といえば鎌倉学園、武相、Y校（横浜商）、法政二とかね。それに当時は横浜が強かった。やっぱりそこへ向かっていくという感じだった」

今は相模のグラウンドに掲げられる「タテジマのプライド」という王者を示す言葉にも、当時はそんな感覚はなかったと笑うのだった。

強豪が集まる横浜地区との対戦は特に燃えた。

「われわれは県央でしょ。横浜地区とやると、球場が真っ二つに割れるんです。その時は本当に負けてたまるか、という感じでしたね」

中でも2年夏、準決勝で当たった日大戦だ。すでに全国区のスラッガーだった辰徳に対し、バッテリーは徹底して勝負を避け、4打席連続で歩かせた。保土ケ谷球場は怒

（左）2年生夏の神奈川大会の準決勝・日大戦、4打席連続で歩かされた時の原辰徳。やや顔が憮然として見える（右）徹底した敬遠策に、観客席から物が投げ込まれ試合が2度中断した
＝1975年7月26日、保土ケ谷球場

号が飛び交い、空き缶が投げ込まれて2度試合が中断した。

本紙はこう記した。

―60年に及ぶ県下高校野球史上において初めての不祥事だ。選手たちを踏みつける行為として非難されよう。

この試合、主将・佐藤功の逆転2ランとダメ押しソロで、7―4とした。その後に、辰徳に打順が巡ってきた。

「試合が決まって、最終打席は勝負してもらえた。そこでセンター前ヒット打って、外野がえらい深く守っていたから、それを二塁打にしてね」

あのぎょろりとした目を見開き、うなる。

「あれは本当に、気持ち良かったなあ」

ずっと歩かされていたスターが最後の打

席できっちり打ち、相模の旗印である攻撃的走塁で二塁を陥れる。千両役者をたたえる球場の狂乱ぶりは、容易に想像がつく。

父・貢にとって神奈川の高校野球といえば、法政二を率いる田丸仁だった。堅実に守り、攻めてはエンドランやバントで流れをつくる「田丸野球」は、神奈川大会最多の5連覇という金字塔を築き、貢が福岡・三池工業で監督を始める1962年の直前に、春と夏の甲子園を制していた。

相模の監督就任時にはすでに田丸は法大に移っていたが、貢は神奈川新聞社の取材にこうぶち上げた。「田丸野球をぶっつぶす。神奈川の野球を俺が変える」。宣言通り10年もかからず神奈川を牛耳ると、今度はそこに横浜・渡辺元智監督が挑み続け、さらには桐蔭学園の木本芳雄監督らも加わり、全国を制した猛将がせめぎ合った。いずれも当時、20〜30歳代。文字通り、血気盛んな青年監督たちだった。

「神奈川はそういう意味で面白かったよね。武相には樺木（義則監督）さんもいてね。人間模様というかね。当時は県内のライバル校同士で練習試合なんてまずやらなかった。だから本当に、バチバチだった」

父である監督にしごかれ、アイドル的な狂騒にさらされ、勝利を至上命令とされる強豪の主砲を担い続けた。高校野球史上でも類を見ない「物語性」を背負ったスラッガーは、巨人でも4番としてあまたの名場面で主役となった。

「神奈川という全国トップレベルの環境で高校野球ができたということは、大学、プロ野球でも物おじしないということにつながりましたね」。原点が、ここにあった。

星の下に生まれて

無類の実力に加え、端整な顔立ちと爽やかな言動。夢を追うために、父からのしごきを堪える「巨人の星」的な要素。原辰徳が持つ多面的な魅力は、とんでもないフィーバーを巻き起こした。

東海大相模、東海大卒業まで7年を一緒に過ごし、辰徳の巨人監督時代は専属広報まで務めた津末英明が振り返る。「土日になると、ただの練習でも人があふれて学校内にある寮までの道が通れない。多い時は3千人も来たと聞いた」

おおらかな時代も手伝ってのことだが、明らかに異常だ。「人気公害に苦しむ辰徳クン」。当時の神奈川新聞紙面には、この表現が何度も使われている。

校外の人が来る文化祭に野球部は参加禁止。甲子園の宿舎でも外出は厳禁。混乱を避けるための我慢だったが、ナインには良いこともあったという。当時の主将、山口宏が笑う。

「僕も3年間でファンレターが段ボール1箱分になった。チームでは3位ですね。自分の子どもに見せるつもりで取っておいた」

津末は、高校から今に至るまで辰徳を最もよく知る一人だ。

（上）ファンに囲まれながら球場の外を歩く辰徳。みなカメラを手にしている
（下）保土ケ谷球場の外で辰徳らが出てくるのを待ち受ける人々。少年や女性の姿が多い

「高校の時はあいつが3番で僕が4番。いつも一番良い席で、あいつのすごさを見てきました」

辰徳本人は狂騒を遠ざけるのではなく、「どうせなら共有してしまおう」と考えた。それは周囲が望む「スター像」を演じていく作業であったはずだ。後に巨人の4番、そして監督としても常に「原辰徳」であり続けた野球人の実像は、どうであったのか。そう問うと、津末は笑って答えた。

「人前やテレビでの『原辰徳』がそのままなら、僕らの前では違った『原辰徳』がずっとそのままだった。だって高校3年間、一緒に裸で風呂に入った仲ですよ」

当時の取材で、辰徳が妙に気取っていることがあった。「なに格好つけてんだよとからかったら、かわいい子が近くにいたんだと。おまえ、あれは別の先輩のファンだぞって教えたら、ずっこけてましたね」。少し抜けていて、おちゃらけた面のある憎めない男。それが素の原辰徳だった。

一方で山口は、「あの性格は、これぞ九州男児という監督の血を引いている」と見る。

豪放磊落で、異様なほど前向き。その強烈なキャラクターを再認識した出来事があった。銀行員を経て現在は横浜市内で電気設備会社を営む山口が、青年会議所のイベントで辰徳に講演を頼んだことがあった。自身のドラフトについて、辰徳はこう話したという。

「4チームの競合になりましたが、僕は絶対に巨人に入れるものだと思っていました」

改めて驚いた。「それで本当に藤田さん（元司監督）が引くんですから。つくづく、こいつはそういう星の下に生まれてきた人間だと思った」

まばゆいほどのスター街道に、もし別の道があったとしたら。本人に聞くと、こう返ってきた。

「僕はプロ選手になっていなかったら、高校野球の監督になっていたと思う。大学でも一応教職を選択しましたからね」

星は、父を継ぐ東海大相模の指導者としても辰徳を伝説にしただろうか。楽しすぎる、夢想だ。


（文・佐藤　将人）

思い、届いたろうか

取材中、唐突に質問を遮り、原さんが「そういえば」と切り出したのだった。「神奈川新聞のほら、中村さんって元気ですか？　あとカメラマンの人は独特な風貌の…そうだ、岩崎さんだ」

原さんの高校時代を取材した本紙ＯＢの中村敏と岩崎隆久のことだった。運動部

記者コラム

長や写真部長を務め、何年も前に定年を迎えた大先輩たちだ。

「高校時代はずっと一緒でね。やっぱり甲子園とか行くと報道陣がたくさん来るでしょ。いつも中村さんたちが仕切ってくれた。神奈川球児としては一目も二目も置いていたし、言うことはすべて聞きましたよ。昔は記者もファミリー的でね。本当にお世話になった」

当時の記事を読むと、なぜか頻繁に「辰徳クン」と表記している。記者と原さんの関係性がうかがえる。どこか牧歌的な空気も伝わってくる。

40年前のことを感謝され、記者冥利に尽きるだろうな。そう思った翌日、中村先輩の訃報を聞かされた。旅立つ前に、原さんの言葉は届いたろうか。

ヒーローインタビュー

悔しかった試合はない
―原さん卒業直後の優勝を含め神奈川大会を4連覇して以降、東海大相模は33年間も甲子園から遠ざかった。その苦闘をどう見ていたか。

応援はすごくしていましたよ。今日は決勝だ、準決勝だって新聞見たりね。ただ勝

神奈川の高校野球が生んだ大スターは時に目を見開き、時に大笑いしながら、高校時代について熱く語ってくれた

つことは簡単じゃない。特に高校野球は難しい。毎年選手が替わる難しさがある。その中で監督さんを中心に戦力を整え、戦っていく。かつ人間教育も欠かせない。そこをやる監督さんは大変な苦労がある。無償の愛情の中から、選手を育てている。頭が下がります。

―現在の高校野球の在り方を、どう考えるか。

高校野球は勝つことが目的なのは大事なことではあるけれども、将来を考え、プロに行ける選手もいれば大学や社会人野球で花開く選手もいる。もちろん野球から離れる生徒も多い。その全員が、次へのステップを踏めるのが高校野球であるべきだと思う。

そういう中で（選抜大会で）延長タイブ

レークが始まる。過酷な投球数や選手起用は、昔は当たり前だったし、根性だ精神だと僕らもそういう経験をしてきた。夏の3日間連投で何百球投げたなんて、美談のように言われますけど、野球大国アメリカからすればアンビリーバブルだと。そういう面もきちんと考えてくれるようになったというのは、100回の歴史の重みだと思います。

――高校3年間で、あの試合は悔しかったと印象に残っているゲームは。

まったくないですね。高校野球って負けたら終わりじゃないですか。だから精いっぱい戦える。負けたら次がある。すべて新しいステップにつながる。だから次への扉が開かれるという感じが強かったですね。

――当時の仲間は生涯の友ですか。

今も年に1回は会っていますね。当時の勝った負けたよりも、「あのときの練習でおまえこうだったな」って苦しい練習の時の思い出の方が多いですよ。「おまえ、あのとき監督にこんなに怒られたな」とかね。そういう話の方が、試合で打った打たないよりも、ものすごく思い出としては残っている。そこが本来の教育なんでしょうね。

はら・たつのり　東海大相模―東海大―巨人。巨人監督、日本代表監督を歴任。福岡・大牟田で生まれ、父・貢の東海大相模監督就任に合わせ、厚木市の緑ケ丘団地に移り住んだ。中学2年の時に右足首を複雑骨折し再起不能とも言われたが、父と懸命にリハビリに励み、完治させた。高校では1年春からレギュラーとなると、夏も打率5割を残して優勝。当時の神奈川新聞には「飛距離はチーム一。守備が課題。ノンビリ屋」と紹介されている。2年春の選抜甲子園準優勝が最高。夏は3年連続で甲子園に出場したが、ベスト8までだった。59歳。

横浜 愛甲 猛

挫折が一番の教材に

1980年夏、第62回全国高校野球選手権大会決勝。3270校の頂点を決めるマウンドで、横浜のエース愛甲猛は大きな挫折を味わった。

「野球って筋書きのないドラマとはよく言われるけど、これは誰かが筋書きを書いたんだな、と思ったよ」

準決勝第2試合は雨で順延。休養日が愛甲にはマイナスとなった。

「今だから話せるけど…」。決勝前日。監督・渡辺元（現・元智）の計らいで、芦屋・竹園旅館で同宿だったプロ球団のトレーナーにマッサージを施された。ただ、不慣れな体はもみ返しに見舞われたのか、肩、肘の痛みはピークに達していた。

早実（東京）の荒木大輔と投げ合った。五回を終えて5―4。1年夏に「あと4回出られる」と高をくくっていた聖地には、高校最後の夏まで戻ってこられなかった。「マウンドは誰かに譲るものじゃない」との思いは強かったが、限界だった。独りよがりの男がブルペンに目をやった。

同級生の川戸浩が、いつになくキレのあるボールを放っていた。野球人生で初めて、監督に自ら降板を申し出た。

渡辺の執念が、選手に乗り移った大会だった。神奈川県庁を表敬訪問した際に、指揮官は選手の前で誓った。「優勝旗を持って帰ります」

3年夏の神奈川大会。37回2／3を無失点に封じ、防御率0・00のまま甲子園に乗り込んだ＝1980年7月30日、横浜スタジアム

35歳の指揮官は横浜の名を全国にとどろかせる好機とみていた。起床は午前5時、2年前の甲子園では許された外出も禁止。2回戦を終えると「決勝まで会えないから今のうちに会っておけ。長くなるぞ」と選手の家族が宿舎に集められた。

「あんな監督さん初めて見た。当時の高校野球といえば箕島の尾藤（公）さん。尾藤さんに勝つという執念がすごかった。勝った後の喜び方も尋常じゃなかった」。前年に春夏連覇を達成していた箕島（和歌山）とは準々決勝でぶつかった。1―0の二回にスクイズで追加点を奪うなど、箕島のお株を奪う積極采配で関西の名門を破った。

決勝戦、六回以降を左腕川戸が無失点に

抑え、歓喜の瞬間を迎えた。

愛甲は振り返る。「悔しかった。でもそれ以上に勝ちたかった。川戸の姿を一番喜んだのはきっと監督さん。俺たちの代にとって最高の終わり方だった」。一塁手として歓喜の瞬間を迎えた。

「長い高校野球の歴史の中で99人しかいない人間（夏の甲子園優勝投手）にしてもらえた。日本で一番ですよ。あの荒木大輔でさえ、二番なんだから」。

そんな甲子園優勝投手も、2年前の秋には警察の世話になるほどのどん底にいた。

1年夏の神奈川大会準々決

（上）全国制覇を達成し、固い握手を交わす横浜の愛甲（左）と川戸（中央）。右端は二塁手の安西。（下）優勝決定の瞬間。チームメートの多くが一塁手の愛甲に群がり、マウンドの川戸は一人でガッツポーズした＝1980年8月22日、甲子園

勝。公式戦初先発で柏陽を相手にノーヒットノーランを達成したサウスポーは、甲子園でも背番号1を背負ってマウンドに立ったが、登板過多から秋には絶不調に陥っていた。

「野球で入学したんだから、野球をできなきゃ辞めるだけ」。自宅には帰れない。冬には地元の逗子で友人宅を転々とする生活が始まった。

80年前後は、テレビドラマ『3年B組金八先生』が放映され、校内暴力や、少年の非行が社会問題となり、全国の暴走族の数もピークに達した時代だった。

「きっと歓迎してくれる」。中学時代の先輩がいる暴走族の集会に胸を躍らせて、足を運んだ。しかし、強い口調で諭された。

「ここはおまえの来る場所じゃねえ。さっさと帰れ。おまえは俺らの夢なんだからよ」

地元中学から甲子園出場を果たしたのは愛甲が初めてだった。

「あの言葉はたまらなかった。当時の不良ってみんな野球が大好きだけど、練習がきつくてやめた人ばかり…」

その後補導されることになった逗子警察署でも、女性職員から泣きながら「もう一度野球をやって」と懇願された。

父親代わりだった渡辺は無言で迎えに来てくれた。女手一つで育ててくれた母が言った。「あんたから野球を取ったら何が残るの。野球しかないんだよ」

「あの時に初めて、野球とちゃんと向き合ったんだな。もし道を踏み外していたら、別の意味で99分の1の人生になっていたかもしれないな」

渡辺の自宅に身を寄せ、ゼロから再スタートした。頭を丸めて、球拾い、声出しに明け暮れた毎日が、愛甲の人生の礎となった。

「俺の野球人生の中では挫折が一番の教材だった。自分一人の力だけではい上がるなんて、到底無理だって分かった」。栄光より挫折。勝利より敗北。成功より失敗…。恩師の金言を愛甲は地で行った。

横浜側に負けられねえ

1977年、逗子・久木中3年の夏。知人の紹介で横浜の練習に顔を出した愛甲は一瞬で、打ちのめされたという。

打球の速さ、変化球の鋭さ。全てに衝撃を受けた。中学では野球だけでなく、バレーボール、バスケットボール、水泳でも、ずぬけた身体能力で一目置かれたが「ここじゃあ生き残れない」と悟った。

鎌倉学園か、いや逗子開成か…。着替えながら進路に思いを巡らせていると、当時部長の渡辺元(現・元智)が声を掛けてきた。

「何も心配いらん。うちに来い」。その一言だけだった。「断れなかった。二つ返事。母子家庭のことも配慮してくれてさ。あの光景、脳裏に焼き付いているんだよね。直接言われることがどれだけうれしいか。渡辺さんとの人間関係はその一言から始まったね」

そうと決まれば厳しい日々が待っていた。愛甲が入学した年の夏前には監督に復帰した33歳の青年指揮官は、泣く子も黙る鬼軍曹として知られていた。

「体はでかいし、声もでかい。がらっぱち。練習中、ベンチの横でたばこをばかばか吸って。練習中、だらしない選手には跳び蹴りを食らわせてた。それが普通。今なら通報されるよね」

許された返事は「はいかイエス」。水は飲めない。1年生は練習中に白い歯を見せたり、グラウンドを歩いたりすることは厳禁。練習を見に来た母親は「見ていられない」と、二度と訪れなかった。

「練習に比べれば試合の緊張感なんて屁でもない。一番楽しいのが試合。『勝ったら練習なし』なんて言われた日には、必死になったよ」

試合前から相手を威圧するのが渡辺率いる横浜の流儀だった。整列は「相手より先に行くな」。あいさつ後は「相手から目を離すな」。ベンチに戻るのは「相手がはけてから」。

高校時代に培ったものが、20年に及ぶプロ野球生活の土台となった。

「人間同士の戦い。威圧して優位に立った方が強い。喧嘩と一緒。みんな仲良くなんて考え方でプロで成功した選手は見たことがない」

当時は、チーム内のグループが市内出身の「横浜側」の選手と、愛甲ら三浦半島地域出身の「横須賀側」に分かれていた。ロックバンド「横浜銀蝿」が人気を博し、暴走族ブームが巻き起こっていた。「縄張り意識じゃないけど、俺たち横須賀側の人間は、横浜側のやつらに負けていられねえっていう気持ちは最後まであったね」

神奈川のライバルにももまれた。1年秋と3年春には東海大相模にいずれもサヨナラ負け。ジャンボ宮城こと左腕宮城を擁する横浜商（Y校）には2年夏秋と2季連続で敗戦した。Y校への対抗意識は強かった。男女共学で「ワイワイ野球」と称され、伸び伸びとプレーするチームに「負けたくなかった」と闘志を燃やした。

神奈川大会決勝。横浜の2年生エース愛甲（右端）は横浜商の宮城（左から3人目）との投げ合いに敗れ、肩を落とす＝1979年7月29日、横浜スタジアム

渡辺の指導は、人間教育に重きが置かれていた。「高校野球の指導者は二つのタイプに分かれる。勝つために教えるか、その子の将来のために教えるか。渡辺さんは当時から後者だった」

2年秋。主将を決めるために選手が集められた。通常は選手投票で選ばれるはずが「今年は俺が決める。おまえだ」。渡辺が名指ししたのがやんちゃ者の愛甲だった。「何で俺が」。まとめ役はともに1年から活躍し、リーダーシップのある安西健二で異論は無いと思っていた。そこには「愛甲を成長させたい」という指揮官の思惑が隠されていた。

3年春の県大会決勝、東海大相模戦。1年生サードの失策でサヨナラ負けを喫すると、怒り狂った愛甲は、横浜スタジアムのグラウンドにグラブを叩きつけた。ベンチで待っていた渡辺に激しく叱責された。「おまえは、そういう態度を取ってはいけない」。その一言に愛甲は目が覚める思いだったという。

それ以来、マウンドでは闘志を内に秘めて振る舞うようになった。肩の力は抜け、投球フォームが安定した。関東大会1回戦。甲府西を相手に圧巻の19三振を奪った。「あの日を境に打たれる気がしなくなった」。そして決勝。神奈川対決で東海大相模にリベンジを果たす。

結局、関東大会、神奈川大会、夏の甲子園、秋の国体まで公式戦21連勝で、愛甲は高校生活を終えた。

甲子園の登板に向けて調整する愛甲を厳しい表情で見守る渡辺＝１９８０年８月

野球人気再興のために

全国の頂点に立った高校時代、20年間のプロ生活を通じ、酸いも甘いもかみ分けた愛甲猛は今、野球人気の再興のために立ち上がっている。

２０００年の現役引退後は芸能活動や会社経営のほか、小、中学生相手やクラブチーム「東京メッツ」のコーチとして、野球指導にも当たってきた。２０１７年末には学生野球指導者になるための「資格回復研修会」も受講。自身の経験を、高校野球の後輩たちに還元していく環境が整いつつある。

モットーは「古き良きを生かす」。保護者の顔色をうかがわず、選手たちと真正面から向き合いたいという。「プロを目指す球児がいる中で、俺たち元プロは最高水準の野球、アマの指導者には伝えられない技術を伝えなきゃいけない」

母校に限らず、多くの学校で指導に携わりたいと希望しているが、元プロの受け皿は限られているのが現実だ。「アマ指導者の中には資格回復に反対する人もいるが、非常勤のコーチでもいい。元プロがどんどん入るべきだ」

資格回復制度※などでプロとアマが近くはなっている。それでも研修会を通じ、「野球の中身はどんどん遠くなっている」と痛感したという。

「俺の中で野球は三つに分かれる。ベースボールとプロ野球、高校野球。大人の考えでルールが決まり、高校野球はどんどんプロからかけ離れてしまったね」

愛甲にとって高校野球のルールは「特別なもの」に映る。「例えば死球。プロでは打席で避けようが避けまいが当たれば死球だが、高校野球は避けなきゃ駄目。これがよく分からない。なぜ死球じゃないのっていう場面を何度も見てきた」

「研修の中には『誤審』という項目はなかったけど、絶対必要だよ。大人が間違ったときに、間違いじゃないと押し通すことが、子どもの教育に正しいんですかね」

2018年からプロ野球で導入される、判定に異議がある際に監督が映像検証を要求する「リクエスト」制度を、高校野球で取り入れることも提唱する。「甲子園だけでも導入するべき。高校野球で審判は絶対。監督は抗議もできない。例えは極端かもしれないけど、裁判で冤罪を認めてしまえっていうことと同じでしょ」

18年春の選抜大会から延長を長引かせな

※元プロの選手が学生野球を指導するのは「日本学生野球憲章」（1950年制定）で禁止されていたが、2013年から「学生野球資格回復制度」を得ることで学生野球の指導が認められた。

いためのタイブレーク制が導入されるなど、高校野球では投手の負担軽減についての議論が進んでいる。球数制限に対し、ここでも批判を覚悟した上で、時代と逆行する持論を展開する。

「大半の球児は高校で引退するんだから、後悔してほしくない。『200球を投げても構わない』という選手がいるかもしれないのに、なぜ大人が規制するのか。球児のことを考えるなら、大会日程を長くするとか、方法はあるはず」

入学直後の1年春から期待された愛甲は、試合を一人で投げ切る体力を求められた。ひたすら投げ込む日々に1年秋には肩や肘が悲鳴を上げた。40年近くがたった今でも左肘を真っすぐ伸ばすことはできないが、高校時代に後悔はないという。

「渡辺監督がいるなら、生まれ変わっても横浜高校で野球がやりたい。肘を痛めて、球数を少なく打たせて取るすべを覚えられた。あのまま力でねじ伏せようとしていたら、甲子園に出られてもきっと優勝できなかっただろうしね」

こうした発信を愛甲が続けるのは、野球人口が年々減少している現状に危機感を募らせているからに他ならない。ルールに縛られた中で個性が抑えつけられていないか——。強烈な個性を放ち続けた愛甲は、高校野球の先に待つプロ野球界をも見据え、警鐘を鳴らす。

「他のやつらに1円も稼がせたくないと

全国の頂点に立った愛甲。肘の痛みと闘いながら、大きなものを勝ち取った＝1980年8月19日、甲子園。準々決勝の箕島戦から

全国頂点に輝き、グラウンドを行進する横浜ナイン。先頭の愛甲（左から2人目）が深紅の大優勝旗、続く安西（同3人目）が優勝盾を手にした＝1980年8月22日、甲子園

思うのがプロ。マウンドを譲りたくないのが投手。自分の職場を簡単に譲ってしまう考えが当たり前になれば、どうなるか」「今のプロ野球選手はすごく性格がいい子たちばかり。中田翔(日本ハム)ぐらいやんちゃな選手がもっといた方がいい」

がんじがらめの環境で育った選手が、プロ野球選手として、子どもたちに夢を与えられる存在になれるのか。そうした未来への危機意識が、愛甲を駆り立てるのだ。

「最終的に大人の判断が必要だけど、高校野球を魅力あるものにするには、やっぱり球児たちの意見が絶対必要になる。そこを忘れちゃいけないよね」

(文・清水　嘉寛)

もう一人の優勝投手

全国制覇の瞬間。一塁を守っていたエース愛甲を中心に歓喜の輪ができたとき、マウンドで一人、両腕を突き上げていたのが川戸浩だった。「最高だった。あの日から人生が変わった」。優勝パレードでは人が群がり、街中では声を掛けられるようになった。

一般生として野球部の門をたたいた。1年のときから「愛甲がエース。僕には才能がない」と感じつつも、心の中ではずっと「逆転したい」と思っていた。レベルの高い練習や厳しい寮生活。100人超の部員に埋もれがちだった1年生左腕だったが、諦めることはなかった。

チャンスは愛甲が野球部を離れていたころに訪れた。監督の渡辺元智から「おまえがもう一人のエースだ」と声を掛けられ、「練習をやるしか生きる道がない」と決意。午後3時から4時間ぶっ通しの全体練習、その後の自主練習を終えると、川戸は真夜中に野島公園の小高い丘まで往復10キロのランニングを毎日続けたという。

卒業後はプロに進んで華々しく活躍した愛甲とは対照的に、社会人野球の

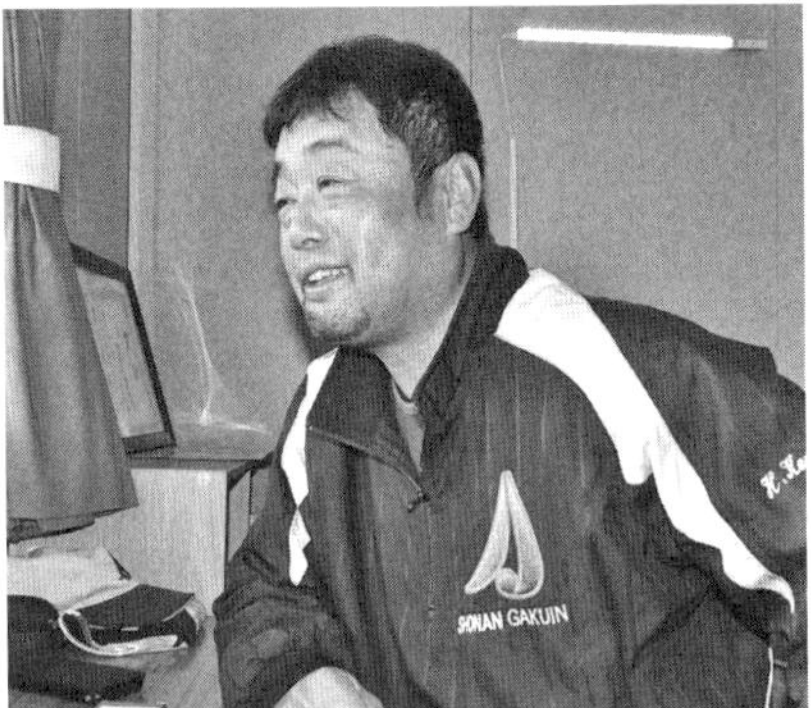

川戸は現在、湘南学院でコーチとして現役球児たちにアドバイスを送る＝湘南学院高

日産自動車で5年間プレーした後、バッティングセンターなどの設計・工事などに携わっている。仕事を通じた縁で8年ほど前から湘南学院のコーチも務めるようになった。

現役球児には「一度は挫折しなきゃ駄目」と伝えたいという。「そこからもう駄目だと思えば、駄目になる。なんとかなると思えばなんとかなる。練習した分だけ野球の神様がつく。だから練習には終わりがない」

夢は二つある。一つは湘南学院を甲子園に連れて行くこと。「それから、保土ケ谷球場にいるような野球オタクのおやじになりたいなあ」と、高校野球を観戦しながらの悠々自適な余生を夢見ている。

主将は自分と思ってた

原貢とタテジマに憧れて東海大相模を目指した安西健二の高校野球人生も、挫折から始まった。東海に進学した中学時代の先輩に「相模はちっちゃいのを相手にしないぞ」と助言され、166センチと小柄だった安西は、横浜の門をたたいた。入学直後にレギュラーをつかんだが、先輩からの妬みは避けられない。罵声を浴びせられ、ノックを受けていると後方から送球が飛んできた。

かばってくれたのが当時監督の小倉清一郎だった。練習後に安西を呼び出し、マッサージを施させた。「松坂、涌井もやったと聞くけど、その何年も前にやってたよ。先輩からかくまってくれた小倉さんなりの優しさ。うれしかった」

2年秋。小倉が去って監督に復帰した渡辺は主将の座を、愛甲に託した。「自分がやると思っていたし、周りもそういう空気だった。愛甲にはいまだに言っていないけど、すごくショックだった。今でも納得がいかない」。練習をまとめる

「キャプテンは俺が選ばれるんだと思っていた」。当時を振り返る安西

のは安西。ただ、表彰式などスポットライトを浴びるのは愛甲だった。

「一つだけうれしかったことがある」。甲子園で頂点に立った3年夏。優勝盾授与では、同級生が「安西が行け」と推してくれた。

卒業後は巨人にドラフト外で入団。同期入団の原辰徳をはじめ、石毛宏典(西武)、高木豊(横浜大洋)ら内野手の当たり年だったが、腰のけがに泣かされ、3年で引退。会社員生活を送りながら、クラブチームで監督も務めた。

数年前、会合で再会した小倉に問うた。「小倉さんが監督を続けていたら、キャプテンに誰を選びましたか」。恩師は言った。「やっぱり愛甲だな」。答えは一つだった。

ヒーローインタビュー

当時はプロに近かった

―高校野球がプロの野球から「遠くなった」と度々語っていますが。

当時はスライディングの練習は野手に向かって滑ったり。プロに近かったと思うよ。

―入学した頃は、小倉清一郎監督。厳しいメニューだった。

死んじゃうよ。レフトからライトまで全力で走って、戻ったらまた走る。その後のスクワットは1日300~400回。投球練習も先輩に『間隔が長い』って100球を10分で投げさせられて。脚を上げてすぐ投げたら、キャッチャーに怒られて…。

1年春、練習試合の日大戦の実戦初打席。バントを失敗したら殴られる。何とか転がせて。ほっとして一塁に走るのを忘れてベンチに走って。監督からめちゃくちゃ怒られた。

―今だから話せることもいろいろありますか。

2年の神奈川大会。監督さんの計らいで、横浜スタジアムで巨人戦がある日に巨人のトレーナーにマッサージしてもらった。長嶋さん、柴田さん、シピンがいたな。

引退後はアマチュア選手の指導に当たる愛甲。まなざし鋭く高校野球が進むべき道を提言する。現在は社会人クラブチーム「東京メッツ」のコーチも務める。2017年末には高校、大学で指導するための資格回復制度の研修会も修了した

練習を休みたがった先輩が、わざと自分の足に鉄アレイを落として骨折したり、土手からわざと飛び降りて捻挫したり。それだけきつかった。グラウンドを水浸しにして、練習時間を減らそうとしたら、渡辺さんにばれて、こっぴどく叱られたな。

―理不尽なことも多い時代。

昼休みは1年生がグラウンド整備。トンボのかけ方で先輩に説教された。砂の粒を残さず、マウンドには円を描かなきゃいけない。ある3年生が虫の居所が悪かったのか『円が丸くない』と言い出して、1時間両手を上げて正座だよ。そしてシューズで往復ビンタ。

―甲子園の思い出は。

野球部のマイクロバスが古かった。校長も乗っけて六甲山へ行こうとなって渡辺監督が運転した。3年生を集めて「わざとエンストさせるから全員降りてバスを押せ」と。坂でみんな降りてバスを押して、監督さんが校長に「もうこのバスは駄目です」と。それでバスが新しくなった。監督はクラッチ操作がうまいから、本当にエンジンがかからない。

あいこう・たけし　久木中―横浜高―ロッテ―中日。甲子園には1年夏、3年夏の2度出場。酷使した左肘は現在も真っすぐに伸ばし切れず、左肩も上がらない。ロッテ入団4年目に野手に転向し、中日時代には代打の切り札として1999年のリーグ優勝に貢献。当時監督の星野仙一氏には「渡辺監督のようなカリスマ性」を感じたという。引退後の現在は、動画配信サイト「ニコニコ動画」の高校野球中継などで解説者を務める。逗子市出身。55歳。

桐蔭学園

高橋　由伸

ニュータイプ現る

高校野球界に出現したニュータイプのスターだった。

野球に青春の全てを懸ける―。そんな汗と泥にまみれた「球児像」とは一線を画す少年が桐蔭学園にやってきたのは1991年、年号が平成に変わって3年目の春だった。

高橋由伸にとって、野球は全てではなかった。「僕の場合、親であったり、周りに求められてやっていた感じが強かった。特に中学、高校くらいまではそうでしたね」。神奈川を沸かせ、甲子園で輝き、平成時代のジャイアンツの象徴とも言える存在の、偽らざる本心だ。

高校進学時に野球をやめようとしていたという。「千葉の田舎で育って、周囲に甲子園に出た人はもちろん、プロになった人なんていない。狭い世界しか見ていなかった。正直厳しい練習もあったので、もう別に続けることもないかなと」

千葉ジャガーズでプレーした中学時代にはポニーリーグで、2年連続全国優勝を果たした。猛練習により、野球は「好きだけどつらい」という存在になっていた。

ただ、名門チームのエースで4番を、強豪高校が放っておくわけがなかった。桐蔭学園もその一つ。決め手が野球はもとより同校の文武両道の校訓にあったあたりも、高橋らしい。本人はその選択を「桐蔭に来たことが、自分の世界を広げるきっかけになった」と振り返る。

やってみれば、明らかにものが違った。寮で部屋長として高橋を預かった現桐蔭監督の片桐健一は、初めて見たときの印象を忘れもしない。高橋の打撃を見て、「こいつが、スーパールーキーなんだな」と一瞬で分かったという。

当時の監督・土屋恵三郎（現星槎国際湘南監督）も、こう振り返る。「本人はピッチャーだと言っていて、後で

高校2年の夏、神奈川大会決勝では救援のマウンドにも上がり、優勝投手となってガッツポーズをする高橋＝1992年7月、横浜スタジアム

やらせるからと説得してライトをやらせた。もうしぶしぶ。ただ打球音がほかの子と全然違うので。神奈川の高校野球を背負って立つ感じはすでにあった」。指揮官の予感は、すぐに現実になった。

夏には高橋が3番に入り、後に西武で活躍する3年生の主将・高木大成が1番に変更された。スーパー1年生は寮で片桐にこう打ち明けた。「何でか分からないけど、打てちゃうんです。でも打つと、大成さんの機嫌が悪くなるんですよね」。片桐は屈託のない後輩に、「間違ってもそれ、周りに言うなよ」と助言していたという。

1年夏、高橋は神奈川大会で打率5割3分2厘を残した。ベスト8に残った選手の中で4位という好成績もさることながら、決勝ではチーム最多の4安打を放って横浜を破り、7年ぶりの優勝の立役者となった。大舞台でこそ輝くスター性が、大観衆の前でベールを脱いだ。

結局、初めての甲子園でも3試合で6安打を放った。特に2回戦の柳ケ浦（大分）との対戦では、猛打賞を含め走攻守に大活躍。当時の神奈川新聞は「攻守にのびのび1年生の3番高橋」との見出しをつけ、「とても1年生とは思えない」と記した。

これで人気に火が付き、高橋はスターになっていく。「神奈川の高校野球事情も知らずにやってきて、こんなに激戦区で、こんなにレベルが高いのかと驚いたが、その中で自分の技術もレベルアップできた」

慶大時代は東京六大学リーグの本塁打記録を更新し、ジャイアンツで4番を打ち、引退後は監督へ。その歩みは70年代の高校野球界にフィーバーを巻き起こし、その後もスター街道をひた走った原辰徳と重なる。

巨人の大先輩は早くから狂騒を受け入れ、周囲が求める「原辰徳像」に応えようとしていたらしいことを伝えると、高橋は笑うのだった。

「僕は全く逆ですね。僕はそうしたくないから、なるべく避けて通ってきたんですけどね。スポーツなんで、自分自身は目立とうという意識ではなかった。野球で結果を残して、それを周囲が評価してくれたということですよね」

それなのにひとたびグラウンドに立て

高校時代には投手としても活躍した高橋。後ろには厳しい顔つきでフォームをチェックする土屋監督の姿が見える

ば、周囲をひきつけてやまないのが、平成のスター「ヨシノブ」だった。

最上級生になると、自分の意志に反して主将に指名されてしまう。遠ざけようとしても、「おまえしかいない」「頼むから」と外堀を埋められてしまう。高橋がその後向き合い続ける、宿命とも言えた。

野球の技術、才能、そして端正な容姿。だが何より見る人の心を揺さぶってきたのは、軽やかな言動とは正反対の、闘志むき出しのプレーだった。

今も胸焦がす伊志田戦

軽やかで、柔らかで。高橋由伸は、まずもって気合や根性で野球をやるタイプではなかった。

物静かな男がユニホームを着て試合になると、まるで人が変わった。1年夏の甲子園。柳ケ浦（大分）との2回戦で、二塁走者だった高橋は内野安打でホームを狙い、頭から捕手をかわしてセーフとなった。好走塁に違いないが、手を痛めていた高橋にとって、本来は「禁止事項」だった。

2年夏の甲子園でも、沖縄尚学との初戦のクロスプレーで左太ももを肉離れし、さらに持病の腰痛を押して救援に立ち、延長十二回に力尽きて敗戦投手となった。試合後は抱えられて病院に行くほどの重症にも、最後まで「腰は痛くない」と言い張っていたという。

ジャイアンツでも入団2年目に、ファウ

ルフライを追いかけてフェンスに激突。鎖骨骨折の大けがを負っている。

その二面性とも言える闘志の源を本人に問うと、こう返ってきた。

「冷静にとか、気持ちを高めたりとか、スイッチの切り替えをしているつもりはないですけどね。正直、目の前のプレーというか、試合に対して、とにかく一生懸命になっていただけでした」

登山家が「そこに山があるから」頂上を目指すように、そこにセーフがあるなら、そこにアウトがあるなら、一歩前に行くのは当たり前。それが今も昔も変わらない由伸スタイルなのだろう。

ことさら人を鼓舞したりはしない。言葉で自分を飾ることもしない。それでもグラウンドに出れば、当人にとっての「当然のプレー」で周囲を強烈にひきつけてしまう。だから土屋は高橋のことを「目立ちたくないのに、ユニホームを着るとヒーローになってしまう男」と評するのだ。

最上級生になると、同級生は誰もが高橋を主将に推した。一度は固辞した。「それを求めて、そういうキャラクターを演じていたつもりは全くなかったですから」

結局は引き受けるのだが、土屋は、高橋の心にあるチームや仲間を思う優しさを見抜いていた。

「あの子の一番の魅力は笑顔でしょう。彼は自分が打った時より、みんなが打ったりすると笑顔になるんですよ」

（上）2年夏の神奈川大会決勝で一塁を懸命に駆け抜ける高橋。普段はクールでも、試合になると後先を考えない全力プレーで沸かせた＝1992年7月
（下）1年生夏の甲子園、柳ケ浦戦では猛打賞に加え好走塁、好捕と大車輪の活躍を見せた＝1991年8月

ただ、キャプテン高橋は苦しんだ。2年秋は横浜商大に県大会3回戦で2―3で敗れ、3連覇を狙った最後の夏も日大藤沢に5回戦で1―2と惜敗。自分の代では県8強にすら入れなかった。

その中で本人が最も悔しかった試合と記憶しているのは、意外にも甲子園にはつながらない春の県大会だった。県立の伊志田に5―7で敗れ、初戦で姿を消した試合だ。

「会場が自分の学校で、雰囲気もまだ地区予選みたいな感じで。本当にね…。2年連続で甲子園に出て、少し苦しい時もありましたが、それでも（公立に）負けるということはなかなかなかった。ショックというか、衝撃でしたね」

〝あの〟高橋由伸の胸を今も焦がすのが、伊志田戦というのが何とも味わい深い。

名将・原辰徳の後を継ぎ、ジャイアンツ監督として厳しい日々を生きている。常勝を宿命づけられるプレッシャーや孤独は当人しか分かり得ない。試合中にも喜怒哀楽を表に出さないスタイルが、「冷たすぎる」と批判されることもある。

ただ、旧知の片桐健一はこんなふうに見ている。「昔から余計なことは言わないし、結果で答えを出してきた男。それが全てでしょう。マスコミに聞かれたからって、良くない選手を『良いね』なんて、絶対に言えない性格だから」

そんな高橋に高校野球の魅力を問うた。

「今は監督という立場でやらせていただ

いていて、考えることも段々と多くなりました。プロ野球になると、当然みんなで優勝を目指すのですが、正直みんなが同じところを目指しているわけでもない。競争で取って代わって、グラウンドに立たないといけない。高校野球は全員が同じ方向に向かって、全員が同じ思いで戦えて、それをみんなが応援する。そこが一番の良さですよね」

並んだ言葉を見て、どう思うだろう。派手な台詞を吐くわけではない。「字になる」コメントを選ぶでもない。それでも真っすぐに、実直に思いを伝えようとしている。端正なルックスと華やかなプレーで沸かせ、どうしても派手に見られがちな高橋由伸の原点が、きっとここにある。

答えはプレー、そしてグラウンドの中に――。27年前、ニュータイプの球児として神奈川に現れたスターは、球界の盟主を率いる立場になっても、変わることなく輝いている。

（文・佐藤　将人）

恐縮していました

正直、恐縮していた。球界の盟主が初めてクライマックスシリーズを逃した直後、オーナー報告翌朝の秋季練習に押し掛けたのだった。普段は取材に来ない神奈川新聞社がこのタイミングで、高校時代のことを聞きたい、と。何と空気の読めない取材だろう。

杞憂だった。高橋監督は「(高校時代の恩師) 土屋 (恵三郎) 監督から聞いてますよ」と、笑顔で迎えてくれ、質問を逐一かみ砕きながら答えてくれた。変化球の質問もした。「野球以外の思い出は何ですか」。うーん、うーんとうなった後、「強いて言うなら寮を出た後の電車通学ですかね。千葉から2時間半かけて通ったのが、何か楽しかったです」。つ、通学が…。高橋青年の素朴さを見た気がした。

母校の監督には2歳上の片桐さんが就任した。「自分は年下ですが、常に期待して見ていますと。僕ができることは陰ながら応援しています、と伝えました」。2人の熱い電話は1時間近くに及んだという。

もう一つ期待しているのが、土屋監督率いる星槎国際湘南だ。「秋の県大会も星槎と桐蔭がやるのを楽しみにしていたんですよ。順当に行けば当たる予定だったたんですよね。その前にころっと負けちゃって」

土屋監督から学んだのは、「感謝の気持ちを忘れないこと」だという。それどころではない時期にもかかわらず、恩師や母校、地元紙のことも思って取材を受けてくれたのだろう。色紙にも「感謝」と書いてくれた。

キャンパスライフ楽しみたい

桐蔭学園での寮生活は本当につらかったのだという。高橋さんも「今の自分の原点」と前置きしつつ、「ただあれをもう一度と言われたら、経験したくない」と苦笑する。

その当時、同部屋で「部屋長」だったのが、今の桐蔭を率いる2歳上の片桐監督だった。先輩は進路の話になった時に後輩が語った言葉を今でも覚えている。

「僕は大学行って、キャンパスライフを楽しみたいですね」

スーパールーキーが入学したのはバブル景気の雰囲気がまだまだ色濃かった1991

年4月。「キャンパスライフですよ！　時代を感じますよね。ただそれも高橋らしかった」

確かに今や、はかなささえ漂うカタカナ語だ。ただ慶大でもスターだった高橋さんの大学生活は、やはり「キャンパスライフ」だったんだろうなあ。

記憶を呼び起こすように、高校時代について語ってくれた巨人の高橋監督

たかはし・よしのぶ　桐蔭学園―慶大―巨人―巨人監督。千葉市出身。中学時代にポニーリーグで2度の全国制覇を成し遂げるも、本人は「野球はもう別にいいかなと思っていた」。結局は桐蔭学園へ。1年春から活躍すると、夏の甲子園でも3番を打ち大活躍。2年夏は救援投手としてもチームを助け、神奈川大会連覇を成し遂げた。主将となった最後のシーズンは、春に県大会初戦で敗退するなど苦しみ、夏は5回戦敗退した。42歳。

横浜商

宮城　弘明

「ジャンボ」フィーバー

1979年7月29日。その日、横浜とのYY対決を制して46年ぶりの夏の甲子園出場を決めた横浜商ナインに待っていたのは、空前の「Y校フィーバー」だった。

完成2年目の横浜スタジアムは3万人の観衆であふれ、試合後も熱気は収まらない。優勝旗と金メダルを携え、応援歌が鳴り響く伊勢佐木町をパレード。校門には真新しい国旗と横浜市旗が掲げられ、Y校OBだった崎陽軒・野並豊社長の計らいで、差し入れのシウマイ弁当が何百個と山積みにされていた。

翌日にはさっそく新調するユニホームやスパイクの採寸。用具メーカーからは背番号入りの遠征用かばんなどが続々と届けられ、卒業生からの寄付金や差し入れを申し出る電話が鳴りやまなかった。

熱狂の中心にいたのは、192センチの2年生左腕「ジャンボ宮城」こと宮城弘明だ。「本当にすごかった。もう至れり尽くせりどころじゃない。Y校全体がお祭り騒ぎでした」。県庁、市役所への表敬訪問やテレビ番組の収録。取り巻く環境が一変した様子を、昨日のことのように振り返る。

その狂騒からさかのぼること2年。77年

（上）46年ぶりの優勝を決め、飛び跳ねて喜ぶＹ校の宮城（中央）。完成2年目の横浜スタジアムが熱狂に包まれた。（下）優勝後、多くの人であふれる伊勢佐木町をパレードする宮城（左）らＹ校ナイン。ガッツポーズしているのは古屋監督。翌日から商店街で特別セールが行われた

＝1979年7月29日

の秋、横浜にフランチャイズを移転する目前だった大洋ホエールズのファン感謝デーで行われたエキシビジョンマッチで、シニアの選抜チームとして出場した一人の中学生が注目を集めていた。

190センチを超す巨体を揺らし、プロ相手に真っ向勝負を挑んでいく。

「そこで三振をばっかばっか取るんですよ。すごい球投げるぞこいつって。キャッチャーも183センチだったので、大型中学生バッテリーって感じでスポーツ紙の1面をさらったんです」

うわさは瞬く間に広まり、強豪校の監督たちが父親が営む鶴見の中華料理店へ勧誘に訪れるようになった。原辰徳が卒業したばかりの東海大相模からも熱心な誘いがあったが、その東海に77年決勝で敗れたY校を率いる青年監督の熱意に心を動かされた。

「うちは横浜市立なので特待生は無理ですし、市内の子しかとれません。もうちょっと勉強して受験してくれませんか。どうしても甲子園に行きたいんです」。当時就任6年目のY校監督・古屋文雄だった。

宮城の負けず嫌いの性格も決断を後押しした。「タテジマに憧れるよりも、タテジマをぶっつぶしてやりたかった。東海大相模を倒して甲子園に行くほうがかっこいいと思ったんです」

入学時の身体測定では100キロの体重計を二つ使って計測。文字通り規格外だったが、ランニングは常に周回遅れで、筋力トレーニングもままならない。「みんな帰ってるのに一人だけ走らされて、悔しくて何度泣いたかな」

周りについて行けず、2年春までは先発することもできなかった。大きな体をコンプレックスに感じることもあったが、目覚めさせてくれたのは、古屋の言葉だった。
「なぜ猫背になるんだ。胸を張ってこそ、おまえだけの192センチの世界を見ることができるじゃないか」

中華料理店の2階で寝そべっていれば、六つ上の兄・芳広がけしかけてきた。
「今ごろ愛甲君は寮で素振りしてるんだよね」

78年夏に2年連続で決勝進出を果たしたY校に立ちはだかったのは横浜の1年生左腕・愛甲猛だった。ベンチ入りできなかった宮城は「あいつを倒すのは俺しかいない」と同い年のスターに対抗心を向けていた。

愛甲が200回振ったのならば、201回。50本ダッシュしたのならば51本。300球投げたのならば301球。入学時に120キロ近くあった体重は、2年夏を迎えるころには96キロまで絞られていった。

夏の大会デビューとなった1979年7月16日。優勝を左右すると言われた東海大相模との初戦で12三振を奪って勝利を飾ると、3回戦の鶴見工戦では九回二死まで無安打無得点。前年王者・横浜との決勝では被安打わずか2。愛甲との投げ合いを制し、33年以来となる甲子園切符をつかみ取った。

「あの夏は神懸かってましたね。素晴らしいファインプレーがあったり、愛甲から10安打できたり。いろいろなものが僕らの背中を押してくれた」

6試合合計39回1／3を投げて自責点4。ジャンボ宮城はその数字以上に圧倒的な存在感で神奈川の夏に鮮烈な記憶を刻んだ。

優勝の立役者となったY校の2年生エース宮城。192・6センチ、96キロの圧倒的な存在感で神奈川の夏を席巻した＝1979年7月28日、横浜スタジアム

世間に強烈なインパクト

「ジャンボ」こと宮城弘明の活躍で、1979年夏に46年ぶりの甲子園出場を果たした横浜商（Y校）。快進撃は8月20日に幕を下ろした。

甲子園では初戦から3試合連続二桁安打の打線に乗せられ、宮城も粘投していたが、創部初めて進んだ準決勝で優勝した箕島（和歌山）に2―3で惜敗。「甲子園に来てから一番のピッチングだった」。当時そう振り返った宮城だが、神奈川大会から酷使した左肩はすでに限界だった。長身から投げ下ろすストレートは球威を欠き、変化球主体の投球となっていた。

「県大会後は肩が痛くて、真っすぐがまともに投げられなかった。痛み止めの注射を何本打ったか覚えていません。（野球選手は）本来なら利き腕の方が長くなるんですけど、注射で収縮しちゃったのか、今でも左の方が短いんです」

翌80年。連覇を狙ったY校は、守備の乱れもあって桐蔭学園との4回戦で敗退。隙を見せて勝ち上がれるほど、神奈川の夏は甘くはなかった。

「（甲子園に出て）16、17歳の頃は有頂天にもなりますよね。でも慢心してしまえば、やっつけてやろうというやつはごまんといる。どこかでいまひとつ自分を追い込めなかったからこそ、3年の時に甲子園に行けなかったのかな」

卒業後はドラフト3位でヤクルトに入団。3年目には開幕1軍入りを果たすも、その後はけがとの戦いだった。4年目で肘を痛め、5年目で肩を壊した。結局7年間で25試合に投げ、0勝3敗。その後は活躍の場を求めて渡った韓国球界で5シーズンを過ごし、現役に別れを告げた。

その後は波乱万丈の人生が続いた。30歳で引退後は、元阪神で参院議員となった江本孟紀氏の秘書などを経験し、2003年には横浜市議選に立候補するも落選。仕事は続かず、蓄えも底を突き、自暴自棄になった時期もあった。

ただ、自らの不遇を周囲のせいにしてい

創部初の準決勝に進むも、箕島に2―3で敗戦。肩を落とす宮城（左から2人目）らＹ校ナイン＝1979年8月20日、甲子園

た宮城の目を覚ましてくれたのは、36歳の時に再婚した愛夫人の「悪い仲間を引き寄せているのはあなたなんじゃない？」という言葉だったという。

「ビール瓶で頭を殴られたような衝撃でした。家内の言うことは素直に聞き入れて、家族のために人生をやり直してみようと思ったんです」

慣れ親しんだ横浜を離れ、埼玉の物流会社で営業マンとして再スタートを切った。セールスのノウハウや電話の取り方など社会人のスキルを一から学び直した。

「議員秘書の時にある程度はできていると思っていたのですが、生意気なところとか、高飛車なところがあったんでしょうね。会社でセールスをやらせてもらう中で一回、交友関係をリセットしたんです。上を向いて下を見ない。悪いことは考えない。これからどうするのかという考え方が少しずつできるようになりました」

現在は結婚20年目になる夫人との間に3人の子どもをもうけ、高校時代に熱狂の舞台となった横浜スタジアムの近くで暮らしている。仕事はアミューズメント系企業で9年の経験を積み、2018年1月からは都内の建設会社に勤務。「社会人になってからも苦労しました。でも支えてくれた家族がいるので、子どもの寝顔を見たりするとほっとします。家内と子どもに感謝ですよね。今は家族とともに育ってます」

宮城の卒業から2年後の1983年。後に中日入りする三浦将明、アトランタ五輪代表主将となる中村大伸、高校日本代表だった高井直継らを擁し、Y校は甲子園春夏準優勝と一時代を築いた。

もちろん、その道を切り開いたのは宮城だった。最近よく会うという高井に、言われるのだという。「何で僕らは甲子園2回、国体でも準優勝してるのに、(周囲から)宮城さんの代のほうが強かったって言われないといけないんですか」。そんな逸話を明かして、ジャンボは大笑いした。

46年ぶりの神奈川制覇はそれほど世間に強烈なインパクトを残した。80年代、Y校黄金時代の到来は、紛れもなくジャンボ宮城の登場とともにあった。

(文・木田　亜紀彦)

高揚した試合　たった一度

「30歳まで野球をやったけれど、気持ちが高揚したのはあの一回しかない」。宮城さんがそう振り返ったのが1979年夏の横浜との神奈川大会決勝だ。

その10年ほど前には部員が9人まで減り、存続すら危ぶまれていたY校野球部だったが、72年に就任した古屋監督のもと、着実に力をつけて3年連続で進んだ大一番だった。

試合前のシートノックが終わり、室内ブルペンからベンチへと歩いて戻る宮城さんに、ライトポール際から一塁側をぎっしりと埋めたマリンブルーの大応援団から痛いほどの声援が降り注いだ。「頼むぞ宮城！」。46年ぶりの優勝を待ちわびる卒業生やファンの期待を17歳は一身に背負った。

「もう心臓バクバクいっちゃって、やばいよ、とんでもないところに来ちゃったよって。プロ入りしてから原（辰徳）さんにホームランを打たれようが、甲子園でバースにライトスタンドに持っていかれようが、その時とはワケが違う。後にも先にもあの時の高揚感はありませんでした」

全国一とも言われる神奈川の高校野球熱を象徴するエピソードだ。

親友と来世もバッテリーを

もう一度、Y校で野球をやりたいか――。そう質問を向けると、宮城さんはある旧友の名を挙げ、即答してくれた。

鶴見中時代からバッテリーを組み、「僕の球を一番捕ってくれた」という同級生の結城政信さんだ。中学時代から成績優秀で進学校へ進む選択肢もあったが、「一緒に甲子園を目指そう」と宮城さんの誘いでY校に入学。ただ、結城さんは2年夏の甲子園でベンチに入れず、控え捕手だった3年時は県大会で敗退と一緒に聖地の土を踏むことはかなわなかった。

結城さんは大学卒業後、母校の部長として4度の甲子園出場を果たし、監督も務めた。「彼の人生をある意味変えてしまった責任感があったので、そのときはすごくうれしくて」。肩の荷が下りた瞬間だった。

２０１７年10月、結城さんは病に倒れ、この世を去った。宮城さんは「来世でも一緒にバッテリーを組もう」とのメッセージを柩に添え、親友を見送ったという。

だから、答えに迷う必要はなかった。「もう一度人生があったとしても、Y校で野球をしていると思います」

記者コラム

「当時は気の弱い寡黙な青年でした」と笑う宮城

みやぎ・ひろあき　鶴見中―横浜商（Y校）―ヤクルトーピングレ・イーグルス（韓国）。１９２・６センチ、96キロの体格から「ジャンボ」の愛称で親しまれた。２年生だった１９７９年、Y校を46年ぶりに夏の甲子園に導いて初の４強進出。高校時代の趣味はゲームで、甲子園で敗れた試合後も「インベーダーゲームがやりたい」とコメントした。ヤクルトでは度重なるけがに苦しんだが、韓国では５シーズン通算30勝31敗で４度の韓国シリーズ出場に貢献した。横浜市鶴見区出身。55歳。

横浜商

三浦 将明

センバツ頂点目前で

甲子園の頂は目の前だった。マリンブルーに彩られた絶景を夢想し、手を掛ける。その刹那、押し寄せる〝山びこ打線〟は、右腕をのみ込んだ。

1983年4月5日。横浜商（Y校）の三浦将明は選抜大会決勝のマウンドにいた。対するは、高校生離れした豪打を武器に、前年夏の王座に就いた池田ナインだ。

「なんだよ山びこって偉そうに」。だが、若い情熱は、プレイボールのサイレンを聞き終えることなく打ち砕かれた。

初球の直球はすさまじい打球音とともに、先頭打者坂本にライト前へと運ばれた。「決勝で初球を打ってこないだろうと安易に投げて打たれた。あ、これが山びこかと」。後続を断ったものの、三回に再びつかまった。

2死から連打を浴び、一、二塁から3番江上の打球はふらふらと左中間へ。左翼、中堅、遊撃が交錯し2点を失った。

一方の味方打線は〝阿波の金太郎〟こと水野雄仁（元巨人）攻略の糸口をつかめない。当時の監督、古屋文雄(73)は苦笑する。「1番の西村が出て、1、2球の間に走って2番の信賀が送って3番の高井でなんとか…というのが得点パターンだった。だけど、西村が戻ってきて言うんだ。『ボールが見えない』って。じゃあ負けだなと。あとは三浦に頑張ってもらってなんとか格好をつけたいなと」

三浦は12安打を許しながらも、得意のカーブを軸に粘った。だが、反撃の機会をつかめないまま八回には水野に適時打を浴びた。0―3。点差以上に力の差を見せつけられた。前年からの甲子園夏春連覇で、時代の主役は池田となった。


池田が新時代の主役なら、その1年前まで甲子園は一人のアイドルに沸いていた。

荒木大輔（元ヤクルト）。早実（東京）のエースは当時の高校球児にとっては追い掛けるべき相手だった。


三浦は言う。「早実の荒木じゃない。荒木大輔がいる早実」。1981年秋。1年生エース三浦はスターがいる場所、いや、荒木大輔がいる場所を目指し、秋季関東大会を戦っていた。

当時は関東地区からのセンバツ出場枠は3。1回戦大宮工（埼玉）に2―1、準々決勝鉾田一（茨城）に1―0と右腕の奮闘でものにし、勝てば選抜切符を手中に収める準決勝まで進んだ。

「死んでも勝たないといけない。ここで負けたら先輩に殺されるというプレッシャーを自分にかけて投げていた」

東海大浦安（千葉）に詰められるも、4―3で辛くも逃げ切った。Y校にとって44年ぶりに開いた春の扉だった。

ただ、気合は空回りする。半世紀近く遠ざかっていた春。学校創立100周年とも重なり、OBやオールドファンの期待は過熱した、当時の本紙は開幕前に30回続きの連載を掲載したほどだった。

その期待に応えようと、冬は連日500球も投げ込み、紅白戦での登板は最長で14連投を数えたという。体の異変に気付いたのは開幕直前のことだった。

「その時は原因は分からなかった。でも、当然だと思って投げていた」。大会後の検査で肋骨骨折が判明したというが、痛み止めの注射を打ち、晴れのマウンドに上がっていた。

1回戦・八幡大付（福岡・現九州国際大付）を2―1で下して初出場から58年後に初となる春1勝を挙げると、2回戦も愛知を6―2と、故障を感じさせない好投。そして迎えた準々決勝の相手は早実に決まった。「早実が（2回戦に）勝ったと聞いて、うわっ、やっべーなって感じ」

先輩たちには「勝たなかったら分かってんだろうな」と言われて臨んだ試合。優勝候補相手に三浦は8安打1失点で完投。打席でも、1点を追う七回2死二塁でしぶとく左前へ同点適時打を放った。

3―1。続く準決勝では後にその名を刻み付けられるPL学園（大阪）に逆転負けを喫したが、「荒木さんに勝った時は天にも昇る気持ち。自分の中では天国。これで終わりたいくらいだった」と16歳のエース

伝家の宝刀カーブを武器に横浜商を2度の甲子園準優勝に導いた

は、初の甲子園に酔いしれた。
それから1年。3年春に甲子園に戻ってきた三浦は、決勝で池田に敗れて涙をのみ、目の色が変わったという。
打倒池田、打倒山びこ打線—。
新たなターゲットは一つだったが、雪辱の機会すら訪れなかった。甲子園でスーパースターが次々と誕生した80年代。時代の主役は、目まぐるしく移ろっていた。

わずかに狂った運命の歯車

蝉時雨がけたたましい。ラジオの実況中継が誤って聞こえるのはそのせいだろうか。
1983年8月20日。全国選手権準決勝。

超満員の5万8千人が詰め掛けた甲子園で、三浦将明は第2試合に備えて室内ブルペンで体を温めていた。その耳に、第1試合の戦況を伝えるラジオが響く。

「4回終わってPL学園6点リード」―。最初はアナウンサーの間違いだと思った。だが、回が進むにつれ、わが耳を信じないわけにはいかなくなった。

「あれ、池田負けてるんじゃねえのってなって。見に行ったら水野がホームラン3発も打たれているよと」

まさかの0―7。盟主池田が敗れた。池田と同じ三塁側ベンチで入れ替わりながら、横浜商(Y校)ナインは怒りをぶつけた。「なに負けてんだよって。Y校のやつらみんな怒っていた」。当時、池田の捕手だった井上知己は振り返る。

春の敗戦以来、池田しか見ていなかった。「それまで相手どうこうというのは考えたことがなかった。でも、池田は別だった」

合宿でロードワーク中にヒッチハイクをした。雨が降ったら「気合の一球だ」と一球だけ投げて卓球をしていた。そんなエピソードで語られる練習嫌いのエースが変わった。

アンダーシャツには「打倒池田」と書いた。直球、カーブに加え、新たな武器としてフォークボールを習得した。

「3キロのダンベルを指で挟んだりしてね」。長い指を誇るように開き、遠くを見やる。運命の歯車があとわずかにかみ合っていたら…。

池田が敗れた瞬間、最後の夏はエピローグとなった。池田と同じ三塁ベンチで、久留米商（福岡）に12―2と大勝。Y校打線

宿敵横浜を神奈川大会決勝で倒し甲子園出場を決めた３年夏。しかし、池田への雪辱の機会は訪れなかった

がやり場のない怒りをぶつけた。

だが、翌8月21日。どこか喪失感を抱えたまま決勝に向かったY校ナインの目は、新たな時代を切り開きつつあった1年生コンビに見開かされることになる。

「僕の中では眼中になかった。相手が1年生だと分かっていた。なんで水野は負けたんだってくらい」。だが、二回、その1年生の4番打者に右翼ラッキーゾーンへ運ばれる。くしくも山びこ打線対策で磨いてきたフォークボールだった。

「あそこでなんでカーブを投げなかったのかとかよく言われるけど、たまたまフォークがすっぽ抜けて、すっと真ん中高めの外側にいってしまった」

甲子園で13発の怪物、清原和博の記念す

べき第1号。「あそこから1個でも2個でも外れていたらホームランではなかった。ワンバウンドだったら、空振りだったかもしれない。カーブだったら？　実際、次の打席は三振を取っているからね」

怪物1年生は1人ではなかった。マウンドには15歳の右腕、桑田真澄。当時Y校コーチだった小倉清一郎が今も悔しがるプレーがある。

「ランナー二塁で1度セカンドを見たら2度は見ないから走れ」。小倉が見破った通り、1度目は成功した。ただ、2度は通じなかった。桑田は自らの癖を試合中のわずかな間に修正していた。三浦は言う。「そこが桑田の潜在能力の高さ。野球に対する考え方の違いと、僕らより高いところで野

PL学園の怪物、清原和博に甲子園第1号を献上し、呆然と立ち尽くす横浜商・三浦将明。新たなスター誕生の瞬間だった＝1983年8月21日、甲子園

球をやっていた」

三浦は8回7安打3失点。頂上は近くて遠く、そして険しいものだった。スコアはまたも0―3。KKコンビの時代の幕が開いた。

悲運のエースと呼ばれる。荒木の早実、水野の池田、桑田・清原のPL―。伝説のチームと好勝負を演じ続けた。3度の甲子園ではベスト4と2度の準優勝。秋の国体も準優勝に終わり、主役の座は巡ってこなかった。

「できれば優勝してみたかった」。その思いは拭い去れない。中日に進んだが、ヤクルトで未勝利に終わった先輩〝ジャンボ〟宮城弘明と同様に、プロでは未勝利のまま25歳で引退した。

しかし第二の人生を歩み、愛知県内のスポーツ用品店で働きながら充実感を味わっている。今も「Y校の三浦」として声を掛けられ、当時の思い出話に花が咲くという。

「優勝できなかったから悲運と言われるけど、そもそも、そこ（決勝）までいけたんだから、悲運ではないですよね」

83年、物語は願ったようには結ばなかったが、悲劇ではなかった。あの年のマリンブルーは、いつまでも人々の胸に焼き付いている。

（文・須藤　望夢）

チアに心射抜かれ

スポーツに、たらればは禁句だが、人生は「if（もし）」の積み重ねでもある。

「小学生のころは電車の運転士かプロ野球選手になりたかった」という三浦さんは、父親に「運転士はいつでもなれる」と言われ、野球の道に進んだという。

鉄道好きの少年がY校を選んだのは「京浜急行で通学できる」が第一の理由。さらに思春期の心を揺さぶったのは学校見学で訪れた際に目に飛び込んだチアリーダーの練習風景だった。「共学じゃないとつまらないと思っていたんですよ。校門をくぐった瞬間にね。がつーんですよ」

三つ目でようやく野球が出てくる。

Y校のアルプス席を彩ったチアリーダーたち。彼女たちの存在なくして、エース三浦は誕生しなかった!?

御幸中時代から伝家の宝刀となる縦割れのカーブを投げ込んでいた三浦さんは「追い込んだらカーブ。ほとんど打たれた記憶がない」と敵なしだった。

そんな右腕が中学時代に対戦し、唯一鼻っ柱を折られたのが荒井幸雄さん（元横浜）。チアリーダーに心射抜かれたその日、練習に参加すると、1学年上の左のスラッガーがそこに居た。「中学のころボコスコ打たれて。この人がいるなら甲子園は間違いないなと。通学、共学、甲子園。三つそろっちゃった」

もし、どれか一つでも欠けていたら、違う答えがあったのだろうか。

もう一度Y校で野球をやりたいかと聞くと、三浦さんは即答した。「したいですね。あのメンバーで。僕のやり方に合っていた人間がいっぱいいた。適当というか、真面目じゃないけど不真面目でもないやつらがね」

自由さが戦術に生きた

1980年代のY校の強さの秘けつは、やはり「ワイワイ野球」と称される伸び

神奈川から2校が甲子園切符をつかめる100回大会へ、「こんな大チャンスはない」と熱っぽく語る

やかさだった。

79年から90年までに春夏甲子園に8度出場し、2度の準優勝、3度のベスト4を含む23勝8敗という一時代を築いた古屋文雄監督の指導法は、同時代の他校とは一線を画していた。

三浦さんの6期上で、今はOB会長を務める長谷部淳一さんは「僕らの代は転換期。あの頃は練習が厳しかった。練習をボイコットしたこともあり、それで古屋先生もいろんな工夫をしてくれた」と振り返る。

水を飲むのも禁止の時代に、練習途中で休憩を取ったり、アイスクリームが配られたり。希望すれば全体練習を抜けてロードワークに出ることも許された。「そういうことをやってくれる。先生も俺たちのこと考えてくれているんだと思ったし、

記者コラム

自由さが戦術に生きた面もある」

自由には当然、責任が伴う。三浦さんは高校入学時から「甲子園に行くのは仕事。仕事だからきっちりやらないといけない」と既に〝プロ意識〟を持っていたという。「2、3回戦ではパーフェクトに抑えると思って投げていた。全力を尽くした結果、勝ったり負けたり。そういう戦い方をしないと神様は味方してくれない」

プロ生活を経て今はスポーツ用品店のアドバイザーとして、未来を夢見る球児と向き合う。「勝ち続ける難しさ、厳しさを知った3年間だった。今は社会との勝負。勝ち続けられるかはまだ道半ばだね」

神奈川から2校出られる100回大会。「こんな大チャンスはないよ。倍のチャンスだということを高校生がどれだけ感じられるか」。大舞台で3度、悲哀を味わった男の言葉は重い。

みうら・まさあき　横浜商高―中日。川崎市生まれ。エース番号を背負った高校1年時に秋季関東大会で準優勝。44年ぶりに出場した選抜大会ではベスト４へ導いた。３年春、夏はいずれも甲子園の決勝に進出。春は池田（徳島）に、夏はＰＬ学園（大阪）にいずれも０―３で敗れた。プロ7年間では未勝利。現在は愛知県内のスポーツ用品店でアドバイザーを務める。52歳。

83年選抜決勝を振り返る

横浜商
三浦将明
「公立が私学に
勝つ醍醐味」

×

徳島・池田
水野雄仁
「カーブ絶対
打てなかった」

1983年の選抜大会決勝でしのぎを削った横浜商（Y校）と徳島・池田。三浦将明、水野雄仁の両エースら当時のナインが2017年末に再会し、激戦を語り合った。三浦にとって転機となった大一番。甲子園夏春連覇を飾った池田ナインはどのような思いを抱いていたのか―。

紫紺の大優勝旗を懸け、激闘を演じたY校・三浦将明（左）、池田・水野雄仁の両エース。30年以上の時を経てもなお固い絆で結ばれている

―池田は前年夏の優勝校。Y校は、どんな気持ちで決勝に臨んだのですか。

三浦　試合前は山びこ打線というのは実感できなかった。「なんだよ偉そうに」と。で、打たれて、これかというのが春の選抜だった。対策もくそもない。全力でぶつかるしかないと思っていた。先行されて逆転ていうのは準決勝の明徳（高知）戦くらいしかないでしょ？

水野　そう、逆転は明徳ぐらい。だいたい先行逃げ切り。

三浦　8―0とかそんな試合ばかり。水野は地方大会から自責点ゼロだろ？　あり得ない。

水野　（前年夏に）畠山さんで優勝しているから、その後で負けちゃいけないっていうのがあった。春の甲子園に出て帝京（東京）に勝った時にいけるなって思った。

三浦　帝京はうちも春の関東大会で初回に3点取られてすごいチームだと思った。

水野　監督の前田（三夫）さんが初めて甲子園で（優勝を）狙えるなってチームをつくって負けたから、その後前田さん1カ月くらい池田に来てた。蔦（文也）監督に弟子入りみたいな。

三浦　あの時、池田は練習でタイヤ抱えたりしてたじゃん。俺たちもまねしたもん。

―池田打線の三浦投手対策はどうでしたか。

水野　うちは畠山さんと俺が投げて練習しているから真っすぐにはみんな強い。（三浦は）140キロ出ていたからむきになって来ていたと思うけど、カーブを多投していたら面白かったと思う。最後（夏の決勝）も桑田（ＰＬ学園）のカーブにやられたもんな。

井上　カーブはみんな苦手だった。三浦のカーブだったら絶対打てなかったな。

三浦　そんなこと考えたこともなかったよ。

水野　でも俺は（Ｙ校に）打たれそうなイメージはなかった。負けはしないなと。ヒットも２、３本くらい？

三浦　２本。だって帰ってくる連中が「消えた」って言うんだもん。スライダーが。

―夏の再戦は実現しませんでした。

水野　春は調子が良かった。夏はバテとデッドボールで駄目だった。でもＰＬに負けるとは思わなかった。

井上　負けるならＹ校だと思っていたもん。

水野　久留米商（福岡）のエースの山田がすごかった。Ｙ校も（当たるなら）決勝だろうなと。それで主将の江上（光治）に頼むからＰＬ引いてくれと。今まで抽選悪かったのに初めてＰＬ引いてくれて。

井上　結果、悪かった（笑）。

三浦　あの時（池田戦まで）清原打ってなかったでしょ？

井上　三浦は打たれたじゃん。

水野　ＰＬは春も甲子園に出てないし、

井上　知己さん

全然眼中になかった。春と一緒の決勝になるのかなと思っていた。Y校は相当練習してきてたから決勝をやりたかったんじゃない？

井上　Y校のやつらみんな怒ってたもんな。（準決勝後の）ベンチの入れ替わりで。

三浦　それで俺たちは久留米商に12―2。水野対策で145キロを打ってきたから。

井上　速い球練習してたんだ。PLに勝っても、うちはY校に負けていたと思うよ。

畠山　準さん

三浦　対策はみんなやってたよ。俺は池田対策でフォークボールを覚えた。鉄アレイを指に挟んでアンダーシャツに打倒池田って書いて。

―センバツで公立同士の決勝はあの春が最後。

三浦　これからもほぼあり得ないんじゃないかな。

畠山　神奈川はY校が強くならないと。

水野　神奈川で勝ち上がるって強烈ですよね。（東海大）相模だ、横浜だって強い私学がたくさんあって。

畠山　Y校もスポーツのクラスをつくった。球団（横浜DeNA）にも一緒に何かできませんかって来たし、頑張ってほしいね。

―100回大会を戦う球児へエールを。

水野　1回も100回も目指すものは一緒で甲子園という場所。われわれはたまたま優勝できたけど、甲子園でやってみたいという思いだと思う。それを達成できるチームというのが、神奈川からは二つ。負けたら終わりという戦いが高校野球の人気を支えているんじゃないかな。

三浦　私学ばかりが強い時代。神奈川も公立校が強豪校を食うか―というのが面白さの一つかな。

畠山　高校野球が盛り上がるのはもちろんだけど、もっと野球を普及させるために中学部活からレベルアップしていけば、公立校のレベルも上がっていくんじゃないかな。

池田の「山びこ打線」に屈した1983年選抜大会。準優勝旗の悔しさがY校ナインを変えた

みずの・かつひと　池田投手。投打の軸として1983年春の優勝に貢献。ドラフト1位で入団した巨人でも活躍。

いのうえ・ともみ　池田捕手。水野の女房役として貢献。後に東芝府中でも活躍した。

はたやま・ひとし　池田投手。1982年夏の全国制覇時のエース。ベイスターズの98年V戦士。現在は横浜DeNA球団職員。

夢はいつかかなう

指揮官やナイン思い語る

２０１７年12月、横浜薬科大で開かれた映画「蔦監督」の上映会。会場では池田の監督蔦文也の教え子たちに加え、池田と甲子園で戦ったY校を率いた古屋文雄、主将・高井直継、中堅手・中村大伸が当時の思いを語った。

—池田の印象は。

古屋　蔦監督は会いたくない人。とて

古屋　文雄さん

つもなく私たちのチームとはレベルが違う憧れの対象。あの頃を思うとまぶしすぎる監督だった。

中村　大伸さん

中村　センターで守っていて、池田の打球は、それまで3試合連続完封していた三浦がいよいよ餌食になるのかなと思った。だけど、カーブとか変化球を駆使して池田打線を最少失点で抑えていた。私がエラーしなければね。あらためて三浦は敵に回したくない投手だった。

高井　水野の球は試合が始まる前に投球練習を見て、こいつ速いなというのはあった。（1番の）西村が三振して、信賀がス

高井　直継さん

ライダーをヒット。これを打てばいいやと思っていたら全部ストレートが来た。速いのでバットを一握り短く持ってしまったが、それが合わなかったかな。

—中村さんも1安打。

中村　七回かな。真っすぐのタイミングでスライダーが来てばっちり。すごいボールだった。社会人まで経験してすごい投手はいたが、あの頃の水野が一番。

—球児に向けて。

中村　神奈川は私学が強いからなかなか難しいかもしれないが、公立も可能性がある限りチャレンジしてほしい。夢はいつかかなう。

古屋　公立校にも必ずいい選手はいる。監督はまず人間教育。池田高校あっての池田の選手、Y校はY校。そのチームがあっての選手。なんとかベスト8の力を保てるチームをつくれば、一人いい投手が来れば抜けられる。

ふるや・ふみお　横浜商監督として春夏甲子園に8度出場し、2度準優勝。甲子園通算23勝8敗。

なかむら・だいしん　横浜商中堅手。日体大～NTT東京。アトランタ五輪で主将として銀メダル獲得。

たかい・なおつぐ　横浜商右翼手。強打を売りに、3年夏は主将としてけん引した。

アーカイブズ編 I

歴史の森で記憶探して

「男女同権」の世相を映し、応援団にも女子リーダーがちらほら。「男子ばかりに任せておけません」と気炎を上げる＝1959年、平和球場

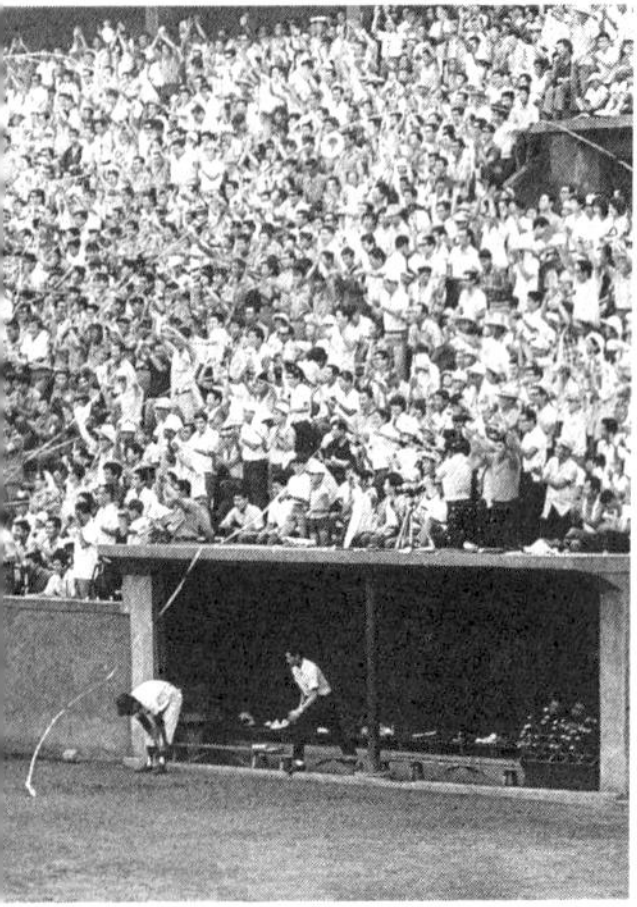

50～60年代

K100 Archives

延長戦の末3連覇を果たし、
紙吹雪を舞い上げて喜ぶ法政
二の応援席＝1959年7月30日・
慶応対法政二、平和球場

初優勝を決めた横浜一商
（現横浜商大）ナインに、
祝福の紙テープが降り注ぐ
＝1966年7月31日・武相
対横浜一商、平和球場

原フィーバーの興奮冷めやらぬ子どもたちは、試合が終わるとフェンスを乗り越えグラウンドへ＝1975年7月24日・桐蔭学園対東海大相模、保土ケ谷球場

70~80年代

K100 Archives

幼稚園児240人の「ちびっこ大鼓笛隊」が開会式に登場、選手らの緊張を解きほぐした＝1976年7月14日、保土ケ谷球場

①1970年代以降、学生服一色から、工夫を凝らし流行を取り入れた衣装がスタンドを彩るように。髪型も衣装も松田聖子さんらアイドルそっくり＝1981年②こちらは、当時人気絶頂のピンク・レディー風＝1978年③男子はリーゼントで気勢＝1981年

使い古された言い回しかも知れない。でもやはり、こう思う。写真は時代の証言者なんだなと。

地元紙として積み上げてきた写真や紙面を整理するアーカイブという作業が、僕の仕事だ。夏の高校野球100回大会に向けた連載「K100」に合わせ、ほぼ毎日、資料室にこもって、袋に詰め込まれたフィルムとにらめっこしている。

「原辰徳のさ、2年夏の甲子園の合宿所で撮ってる写真ある?」「ジャンボさんのパレードはないの?」。電話が鳴れば、また運動部デスクからの依頼だ。

そうした要望に素早く応えられた時もうれしいが、僕にとっては、歴史の森に迷い込むことが、至福の時間《とき》なのだ。

「ツッパリ」の応援団。本当にこんな髪型だったんだ。なんで試合後に子どもたちがグラウンドに下りて遊んでいるんだろう。大監督の顔、すごいテカテカしている。脂が乗っているってこういうことか。この球場、昔はこうなっていたんだ。女子はみんな「聖子ちゃんカット」をしているな。

仕事を忘れそうとよく言うが、まさにこれが僕の仕事だ。メーンはもちろん選手たちだが、スタンドや球場周辺など「それ以外」がまた面白い。グラウンドを見つめる人たちの、生暖かい息遣いがある。スターにカメラを向ける女子は、今は誰かのお母さんかな。「頑張れ」と声を枯らす応援団。あなただって頑張ったんだよ。

ここに並べた写真の多くが、当時は紙面掲載どころか、印画紙に焼き付けられもしなかったものだ。初めて日の目を見た写真も喜んでいるような気がする。

(文・神奈川新聞アーカイブズ 平松　晃一)

法政二　柴田　勲

あの時、負けてよかった

「高校野球史上最強」――。半世紀以上を経てなお、当時のチームに最大級の賛辞を贈る高校野球ファンは数知れない。

1957年夏から成し遂げた神奈川大会5連覇は今もなお破られない大記録だ。61年に戦後初の甲子園夏春連覇を達成し、法政二は紛れもなく黄金時代を謳歌していた。

だが、最強チームの中心にいたエース柴田勲は当時を振り返り、意外にもこんなことを言う。

「あの時、負けてよかったなって、今なら思うね」

その力をもってしても、甲子園での3季連続優勝だけは成し遂げられなかった。それはいまだに語り継がれる、宿命のライバル物語の結末だった。

1961年8月19日。第43回全国高校野球選手権準決勝。聖地には雲一つない夏空が広がっていた。

打者ごとに投球パターンを変え、相手を手玉に取る柴田のピッチングで勝ち上がってきた法政二は、夏春夏の3季連続優勝の偉業へあと2勝に迫っていた。

対するは大阪・浪商（現・大体大浪商）。ダイナミックな投球で「怪童」と称された

2年生エース尾崎行雄の剛速球はもしスピードガンがあれば、160キロを計測したと今も言われる。

柔の柴田、剛の尾崎——。対照的な「東西横綱」の顔合わせは、事実上の決勝戦と騒がれた。3度にわたる因縁の対決に終止符を打つ戦いでもあった。

1年前。夏の甲子園2回戦で両者は初めて相まみえた。2年生の柴田が3安打完封。当時の神奈川新聞は「きょうはあがらなかったか」との質問に柴田が「あがったように見えました?」と切り返したことを報じている。

柴田はその後の3試合で1失点もすることなく深紅の大優勝旗を持ち帰った。戦後復興を経た高度成長期。京浜工業地帯の中心だった横浜や川崎は沸いた。ナインは市内をオープンカーでパレード。10万人以上の大歓待で出迎えられた。

2度目は61年選抜大会の準々決勝。大会前に法政二を常勝軍団に築き上げた名将・田丸仁が監督を退き、法大の学生が後任を務めていたが3—1で勝利。高松商(香川)との決勝でも完封劇で夏春連覇を達成した。翌日の本紙には「いつものように感激性が薄いのはどうしてだろう」と落ち着き払ったナインの姿を伝えた。柴田は今「連覇して当たり前っていう感じだったね」と振り返る。

迎えた3度目は、死闘だった。2—0の九回2死。だが、2度も苦杯をなめてきた

初の日本一に輝き、伊勢佐木町をパレードする法政二ナイン。柴田は子どもから指をさされ、照れ笑いを浮かべている＝1960年8月23日、横浜市中区

（上）甲子園夏春連覇を達成し、沿道から大声援を浴びてパレードする法政二ナイン。紫紺の大優勝旗を抱える仲間の横で、柴田は幸せそうな表情だ（下）柴田はファンからひっきりなしに声を掛けられる人気ぶり＝1961年4月7日、川崎市内

浪商がここから襲いかかる。

「向こうは打倒柴田、打倒法政二で来てる。俺にはそういう意識はなかった。監督も大学生になって正直、俺に意見する人なんていなかった。お山の大将でやってたら、そりゃあ勝てないよね」

わずか1安打に封じていた柴田が死球で足がかりをつくられると、捨て身の浪商は連打で満塁のチャンスをつくる。迎えた打者は、尾崎だった。

「野球の神様が、おまえみたいなのは勝っちゃだめだって教えてくれたんじゃないか」

渾身のカーブを痛打され、同点。延長戦でマウンドに仁王立ちする尾崎から繰り出される剛球は、勢いを増すばかりだった。

「ものすごい球の速さ。打てる気がしなかった」。右肩を痛めていた柴田は十一回に2点を献上、勝負は決まった。

3度目で初の敗戦。仲間たちが泣き崩れる中、柴田だけは涙を流さなかったという。

「泣けるっていうのはね、それだけ一生懸命に練習をやってきたから。俺はどっかで手を抜いていた。だから涙が出てこなかった」

その秋、柴田が巨人に入ると、尾崎は高校を中退して東映（現・日本ハム）に入団した。

高卒ルーキーとして開幕第2戦で先発マウンドに上がった柴田。だが、阪神の中軸の連続本塁打でKOされ、その後も成績は伸び悩んだ。監督・川上哲治から打者への転向を打診された。

「あのまま優勝していたら、『なんで3連覇した俺にそんなこと言うんだ』なんて反発していたかもしれないね。あの負けは俺には必要だった」。俊足巧打の1番打者として巨人V9に貢献。ダイヤモンドを走り抜けた「赤い手袋」の怪盗が誕生した。

怪童・尾崎は1年目で20勝をマークしてリーグ初優勝に貢献。新人王も獲得した。セ・パ両リーグに散った2人がその後公式戦で相まみえたのは、後楽園球場で開催された1965年のオールスター戦だけだった。柴田は三邪飛に打ち取られた。

「年齢も一つ下だったたし、あまり周りが言うほど尾崎への対抗意識はなかったんだけどね。それでも当時は『事実上の決勝戦』なんて言われると、意識はしたよ」

柴田はそう語ると、「尾崎もすごかったけど、やっぱりね」。もう一人のライバルの名を挙げた。

もう一人のライバル

1960年代初頭。甲子園で3度にわたり尾崎行雄（浪商）と熾烈な投げ合いを演じた法政二のエース柴田勲。そのライバルは尾崎だけではなかった。いや、ともに激戦区・神奈川を戦った1学年上の剛腕こそ、真の宿敵であった。

「高校生で本当にすごいなあっていう球を投げていたのは3人いてね。尾崎と江川卓（作新学院）、あとはやっぱり、渡辺さんだよね。あの人に勝ったっていう自信があったから、甲子園で初めて優勝できた」

渡辺泰輔—。

59年秋の県大会を制すると、関東大会では3試合で53三振を奪って優勝。戦後初の選抜大会に出場し、ベスト8に名を連ねた。センバツ帰りの渡辺はまさに無敵だった。直球は重くうなりを上げ、60年春の県大会決勝では法政二をわずか被安打1で退けた。

当時の神奈川高校野球は法政二と慶応の2強時代だった。夏の神奈川大会は法政二が52年に初制覇して以降、54年の鶴見工を除いて62年まで両校が優勝を独占。当時の県高野連関係者が「法政二と慶応を甲子園に送るためにやっているようなものでつまらないや」とぼやいたほどだった。

60年夏の神奈川大会決勝。法政二—慶応の両雄決戦は、法政二の2年生エース柴田と、剛腕と呼ばれた慶応・渡辺の最後の対決として注目を集めていた。

「浪商が俺たちに甲子園で2度負けて、打倒法政二、打倒柴田でやってたように、こっちは打倒慶応、打倒渡辺でずっとやっていたね。尾崎よりも渡辺だった。だって慶応を倒さないと甲子園に行かれないわけだから」

渡辺を打ち崩すことだけに心血を注ぎ、バッティング練習では打撃投手を2メートル手前から投げさせたという。

7月31日、平和球場。「大会史上最高の決勝戦」と今なお語られる戦いの火ぶたが切って落とされた。

序盤は慶応のリードで進んだ。三回に失点を許すと、柴田は右翼に下がった。八回、打線の援護を受けて2点を挙げて同点とすると、再び柴田がマウンドに上がった。延長十一回、一挙4得点を挙げ、勝負は決した。

勢いそのままに、尾崎・浪商を退け、法政二は初めて深紅の大優勝旗を甲子園から持ち帰ることとなる。

「あの時は優勝候補でも何でもなかった。慶応を破ったことで、ようやくダークホース的存在として注目され始めた」

甲子園で初優勝した翌日の神奈川新聞には「これは高校界きっての豪球慶応渡辺投手を目標に練習した効果があがったものであろう」と記されている。

伝説の2人の対決を、スタンドで見ていた少年がいた。

横浜商、横浜などでコーチや部長を長く務め、98年には渡辺元智前監督とともに松坂大輔の横浜を春夏連覇に導いた小倉清一郎、その人だ。

間門小、大鳥中では柴田の1学年後輩としてともにプレーした間柄。柴田と渡辺の投げ合いを、小倉はこう振り返る。

「あれは間違いなくすごかった。球の勢いがすごくて2人が投げ合うとファウルボールがどんどん場外に出るんだ。普通なかなか場外には出ないんだけどね」

そんな柴田も名参謀として名を馳せた後

輩のことをこう語る。
「結構センスはあったし、法政二に来いって言ったけど足が遅かった。でも、彼なりに努力して高校野球を熟知してるよ。たまに会うんだけど『おまえ、松坂に感謝しなきゃな』って、笑ったよ」

あれから、60年近くになる。柴田は齢《よわい》73。慶応・渡辺泰輔、浪商・尾崎行雄。よきライバルに恵まれた高校時代を過ごした柴田勲は、ジャイアンツで長島茂

（右）3年夏の神奈川大会を制し、少し照れながら報道陣のインタビューを受ける柴田（左上）武相との決勝で3ランを放ってホームイン。希代の打撃センスはこの頃すでに発揮されていた（下）前人未到の神奈川大会5連覇を達成し、万感の思いで整列する法政二ナイン。柴田は右から5人目
＝1961年7月30日、平和球場

雄や王貞治とともに長くプレーし、歴史に名を残すスーパースターとなった。

名球会に名を連ねる伝説のプレーヤーはそれでもなお、こう語るのだった。

「青春時代にみんなでプレーした事実は、死ぬまでずっとついてくるんだから。サラリーマンになろうが社長になろうが関係ない。うまいとか下手とかじゃなく、若者がその時代、純粋に一生懸命になれる高校野球は、やっぱりいいなって思うね」

（文・倉住　亮多）

60年たっても、変わらずに

平成生まれの記者でも、もちろんその伝説の人の名は知っていた。

１９６０年代、法政二の黄金時代を牽引し、プロでは巨人Ｖ９戦士の中心メンバーとして活躍した柴田さん。

取材のために集めた資料の中には、柴田さんの半生を描いた漫画もあった。小学生時分に漫画版の偉人伝を随分と読んだ記憶があるが、柴田さんもさながらそんな人物の一人という感じ。

ああ、これからこの漫画の中の人に会うのかー。不思議な感覚に襲われた。

妙な浮遊感の中、田園調布にあるご自宅のチャイムを恐る恐る鳴らした。

「ごめんねえ、犬の散歩から帰ったばかりでばたばたしちゃってて」

扉の中から、柴田さんが愛犬のウィペット「チェリー」をなでながら出迎えてくれた。緊張は一気にほぐれた。

それにしても、60年近く前の話をこんなにも鮮明に覚えているものなのか。

「田丸さんは、ほんと野球大好き人間だったよ」と恩師に思いを馳せれば、湘南以来11年ぶりに深紅の大優勝旗を神奈川へ持ち帰った夏を「選抜で早実の王（貞治）さんが紫紺の大旗の箱根越えを果たしたのを見て憧れたもんだけど、俺は深紅の大優勝旗の箱根越えをやったんだ」。まるで少年のように、時間を忘れて当時を振り返ってくれた柴田さん。

「いつまでたっても、昔の仲間と集まって高校時代の話ができるってのは、いいよねえ」。そう話す柴田さんの姿に、高校野球の魅力が詰まっている気がした。

母校にエール「時間かけ強く」

母校愛にあふれる柴田さんは、「古豪」と呼ばれる期間があまりに長くなった法政二野球部について、切実な思いを抱いている。

「寂しいよ。また甲子園に行けるようなチームをつくるには、まずは学校の理解が必要。俺もOB会の会長をやっていた時、校長先生をはじめいろいろな人にお願いしたんだけど、なかなかね」

最後の甲子園は1988年夏。もう30年。平成以降の夏は3度の神奈川8強が最高で、2017年夏は2回戦敗退に終わった。

「リトルとかシニアとかで教えてるOB

60年近く前の記憶を、昨日のことのように語ってくれた柴田さん＝都内

は多いんだけど、それでもなかなか法政二に選手が入ってこない。うちのOBがシニア時代に指導していた松井裕樹（桐光学園—楽天）は引っ張ろうとしてたんだけど、断られちゃってね」

本気で甲子園を目指す中学生が、まず考えるのは横浜や東海大相模、そして桐光学園や慶応…。法政二を選択肢に入れる少年が少なくなったことを、柴田さんは嘆く。

「学校の方針だから何を言ってもしょうがないのかもしれないけど、スポーツは強いんだぞっていう特色のある学校にしてもいいと思うんだよ。あとは指導者がじっくり時間をかけて、チームを強くしていってほしいね」

しばた・いさお　大島中—法政二—巨人。横浜市出身。高校2年時にエースとして出場した全国選手権大会決勝で静岡を3安打完封し、法政二を初の全国優勝へ導いた。3年春の選抜大会にも出場し、決勝で高松商を5安打完封。戦後初の甲子園夏春連覇を達成した。巨人入団後に打者転向。俊足巧打の1番打者として6度の盗塁王に輝く。日本プロ野球界初の本格的なスイッチヒッターとしても知られる。現在は巨人OB会長。73歳。

慶応　渡辺　泰輔

伝説となった剛腕

「もうね、何しろ球が速かった」「あんな球、誰も打てない」

監督、選手、マスコミ関係者…。神奈川高校野球の歴史を紐解いていくと、必ず名前が挙がる伝説の右腕がいる。

1960年春、戦後初めて慶応を選抜大会に導いたエース渡辺泰輔。昭和30年代の神奈川2強として、柴田勲の法政二としのぎを削った。

59年秋の関東大会では3試合で53三振を奪って優勝。優勝候補の一角として迎えた翌60年春の甲子園では、「大会随一と折り紙付き」とまで評された。

ダイナミックに真っ向から投げ下ろす剛速球は、見る者を魅了した。初戦から全3試合で2桁奪三振。準々決勝で秋田商に延長戦の末、1―2で敗れたものの12三振を奪い、堂々たるベスト8だった。

福岡県で5人きょうだいの末っ子に生まれた渡辺は、中学時代から評判の剛腕だった。「早慶戦に憧れてね。地元の小倉高校に進んで、そこから早稲田に入ろうと思っていたんですよ」

中3の夏だった。指導者に連れられて社会人野球の八幡製鐵の試合を観戦した際、慶大出身の加藤喜作監督と対面し、東京六大学リーグへの夢を語ったのが転機だった。

「それなら東京で野球をしなさい。慶大の稲葉に言っておくから、練習に行ってみなさい」。稲葉とは戦後間もなく横浜の監督を務め、1956年から慶大を率いていた稲葉誠治。後に日本通運浦和を率いて64年の都市対抗大会を制した名将だった。

川崎球場を訪れると、セレクションを受ける高校生が集まっていた。渡辺も飛び入り参加し、中学生離れした重い速球を披露。「おお、こいつはなかなかいいな」。稲葉の目を引いた最年少の渡辺は、高校から慶応へ進むこととなった。

慶応ではおおらかな校風も相まって、仲間たちとともに和気あいあいと野球に打ち込んだ。「今じゃ考えられないけど、毎日200球とか250球とか投げていたね。とにかく投げるのは好きやったなあ」

91年から2015年まで監督を務めた上田誠が掲げた「エンジョイ・ベースボール」に通じる自主性を重んじる野球だった。「当時はそんな言葉なかったけど、上級生も下級生も仲良くて楽しくてねえ。『エンジョイ』の精神は、その頃からあったんだと思いますね」

センバツから帰ると、県内では誰も手が付けられなかった渡辺だが、最後の夏に、神奈川の覇権を争っていた宿敵・法政二が立ちはだかった。

因縁のライバルと戦うのは5度目だっ

た。59年夏は延長十回で敗れたが、同年秋は勝利。60年春の県大会決勝はエース柴田と投げ合い、わずか1安打に封じた。

当時「史上最強」と呼ばれた法政二を、渡辺はこう語る。「やっぱり強くて他とは違った。柴田さんは1学年下だけど、すごくコントロールが良くてまとまっていた。監督は田丸（仁）さん。何か仕掛けてくるのではという恐怖感があった」

60年7月31日。神奈川大会決勝。渡辺と柴田、2人の投げ合いに、平和球場は日本一を決める決戦のような雰囲気に包まれた。中盤まで慶応のリードで進んだが、前日の鎌倉学園戦から連投だった渡辺は八回に2点を献上。延長十一回には4失点。剛腕が、ついに力尽きた。

渡辺はバスで球場を後にする法政二ナインを追い、「わしらの分まで頑張ってな！」と叫んだという。その夏、法政二は日本一になった。「そりゃあもう、うれしかった。わしらの代わりにやってくれたんだからね」

卒業後は慶大で3度のリーグ優勝。3年時に日本一となり、最後の年には東京六大学リーグ史上初の完全試合も達成した。

南海入団後は、2年目の66年に16勝をマーク。V9のさなかにあった巨人に挑んだ日本シリーズでは大黒柱として6戦中4戦に先発し、柴田と相まみえた。しかし、その宿敵に計7打数7安打3打点と打ち込まれ、巨人は日本一となり、柴田がＭＶＰに輝いた。

1959年の秋季関東大会では3試合で53三振を奪って優勝、戦後初の選抜大会出場を決めた

ボールを片手にポーズを取る

写真は見開きページともに
渡辺泰輔氏提供

72年に現役を引退。福岡の実家に戻って鉄鋼業を継ぎ、野球界から姿を消した。いつしか伝説となった剛腕は現在、妻と娘の3人で静かに暮らしている。

野球界に未練はないが、今でも食卓には白球が置かれている。

「ご飯を食べながらテレビで野球中継を見て、いい投手がいたら握り方をまねしてみる。なんか気になっちゃってね。また高校野球をやるとしても、もちろん慶応しかないですね。本当に楽しかった」

屈託なく笑う渡辺は、大好きな野球に明け暮れた少年時代のままだった。


（文・倉住　亮多）

秋季関東大会で優勝し、行進する慶応ナイン。左から2人目が渡辺＝1959年11月11日、千葉県営球場

センバツ「駆け付けます」

「そういえば、慶応はセンバツには行けるんですよね？」

インタビュー中、渡辺さんは突然、そう興奮気味に切り出した。

日吉のグラウンドを去って半世紀以上がたった今もなお、母校を思う気持ちは増すばかりだ。

「今はピッチャーがいいんですよね？　試合は見ていないのですが、結果はいつも当時のキャプテンが、僕の携帯に連絡をくれるんですよ」

公式戦結果は、渡辺さんと同期で主将だった丸山武三さんから逐一報告がくる

「本当に楽しい高校時代だった」と日吉で過ごした日々を振り返る＝福岡県直方市

という。慶応勝利の報を受けると、2人は高校時代に戻ったかのように、喜び合う。

2005年。渡辺さんが出場して以来、45年ぶりの選抜出場が決まった時は、涙が出るほどうれしかった。

「エースの中林（伸陽、JFE東日本）が投げていた時ね。あの時は応援に行きましたよ」

2017年秋の関東大会で4強入りした慶応は、18年春の選抜大会出場の可能性が極めて高い。出場が正式に決まれば、慶応にとって9年ぶりの甲子園だ。

「本当に楽しみです。決まったらもちろん、当時の仲間と一緒に、応援に駆け付けますよ」

（編注：慶応は2018年春の選抜大会に出場を果たした。）

記者コラム

わたなべ・たいすけ　慶応—慶大—南海。福岡県直方市出身。慶応では2年夏、神奈川大会準決勝の横浜商戦で準完全試合を達成。同年秋の関東大会で優勝し、翌春の選抜大会では8強入り。慶大4年時の立大戦ではリーグ史上初となる完全試合を成し遂げた。南海では2年目にプロ最高成績となる16勝でリーグ制覇に貢献。その年の日本シリーズで巨人に敗れるも、敢闘賞を受賞した。パームボールを武器とし、1972年に引退するまで8年間で54勝を挙げた。75歳。

横浜一商　佐々木正雄

やっぱり甲子園は特別

5万人の大観衆の熱気を帯びた1966年夏の甲子園。初出場で松山商（愛媛）との準々決勝に進んだ横浜一商（現・横浜商大）のエース佐々木正雄は、敗戦の瞬間をベンチで迎えた。逆転勝利を信じた最終回。2―4の九回2死二塁、主将・六番井上泰司のバットが空を切ると、ひと筋の涙が頬を伝わった。

佐々木　自分に対して「おまえよく頑張ったよ」って思った瞬間、涙が流れたね。二回にドラフト1位で広島に進んだ西本明和に弾丸ライナーの本塁打を打たれて、打球を目で追ったんだよ。追い込んで得意のドロップで三振に打ち取ろうと思ったけれど痛快に打たれちゃってさ。

やっぱり甲子園は特別だったよね。あのころできたばかりの新幹線に乗ると大阪に着くのが早すぎて気持ちが追い付かない。開会式の入場では両足がしびれたね。何もない所から、急に未来に来てしまったような戸惑い。強豪校ばかり整列しててさ。

気迫を前面に直球とドロップで準々決勝までの4試合で33イニング無失点。準決勝では守備の乱れから2失点したが、3連覇を目指す武相を決勝で完封した。

佐々木　一商の校長で後に商大の監督を

俺に託してくれた故・松本武雄先生からは開幕前、「安んじて事を託される人になれ」と言われたんだ。だから「俺がこけたら、みんなこけちゃう」って気持ちだったね。

決勝では「打てるもんなら打ってみぃ」ってね。マウンドに向かうときも冷静。「かっかしたら駄目だぞ」って自分に言い聞かせて向かったよ。とにかく勝つために腕を振って、気付いたら武相倒して「勝っちゃった。優勝しちゃったのか」と身震いするような感じ。涙がぶわぁってあふれてね。

そんな豪腕はエリート街道からは遠い道を歩んだ。中学には野球部がなかった。

佐々木 だから自己流よ。法政二の柴田に憧れてピッチャーなりたいなって。でも二高は学費高くてさ。武相、横浜も強かったけれど絶対行くもんかって。「一商に入って強豪を倒すんだ」って下克上の気持ちだったね。だけど野球部入ると何もかも分からないんだ。グラブをまたいだりすると「道具を大切にできないやつは野球をやるな」って先輩からぶっとばされて。全部自己流でやってきたからさ。初めて扱う硬式球も怖くてね。

2年になると夢見ていた投手へと転向。秋からは背番号1をつけた。

佐々木 投手になってからは毎日ボールを握りながら寝たよ。朝起きると、不思議としっかり握っているんだ。試合前日になると誰もいない平和球場に行き、頼み込んで中に入れてもらった。やっぱり風情があったね。レフトにかもぼこ兵舎があり、市電の線路を挟み市庁舎が見える。歴史的な場所。だから「ここで投げ勝たないといけないんだな」って思いふけながら自分の投球をイメージしたんだ。俺ってロマンチストだよなぁ。

一商時代は捕手のヨネ（米長賢一）に支えられたよ。劣勢になると「こんなんでおまえ帰れるの。喧嘩ばかり勝って野球では勝つ気ないの」って言われてさ。大蔵明監督の存在が大きくて、勇気を与えてくれたね。緻密で理論的な野球を学ばせてくれたよ。短いながら凝縮した質の高い練習。守備を徹底し、最少失点で勝つ。責任を果たそうと思えたね。

日大時代に日大明誠（山梨）の学生監督として指導者のキャリアをスタート。この半世紀、野球と真摯に向き合ってきた。

佐々木　もし野球がなかったらおかしな人間になっていたかもなって県野球協議会の藤木幸夫会長に言われてさ。喧嘩ばかりの悪ガキだった自分に今があるのは、組織での行動や人間関係を野球で学べたから。

今、いろんなチームを見て思うのは私学、公立が一緒に切磋琢磨できる環境が必要だよね。強豪にうまい選手が集まるのではなくて、入学制度から見直してもっと競争を促せるとレベルも上がるはず。戦術や技術の知識の共有も広げられるよね。神奈川全体のレベルを引き上げるにはそれぐらいの改革が必要だよ。

神奈川では、家庭、学校、地域と三位一体で球児を応援してくれる。こんなにも球児に期待してくれる地域はなかなかない。

マウンドや打席に立ったときに必ず熱い声援が背中を押してくれるんだよ。必死に野球に打ち込んで欲しいよね。


（文・矢部　真太、和城　信行）

神奈川大会を通じて6試合2失点の力投で、横浜一商を初の甲子園に導いた＝1966年7月30日、平和球場、準決勝・慶応戦から

神奈川大会決勝で、3連覇を狙う武相に1－0で完封勝ち。決勝打を放った捕手の米長賢一と肩を組む佐々木（左）＝1966年7月31日、平和球場

星野さんの遺志継いで

佐々木さんは、2018年1月4日に急逝したプロ野球楽天の球団副会長・星野仙一さんと、神戸・芦屋の自宅に招かれるなど深い付き合いを続けてきた。「燃える男」と語り合い、思い描いてきたのは、野球人気を復興するためのプロ・アマ新時代だ。

佐々木さんは2017年11月に開かれた星野さんの「野球殿堂入りを祝う会」で、幹事役として尽力した。新年には県野球協議会の藤木幸夫会長主催で横浜で新年会を開く予定もあった。それだけに、突然の訃報に「何で？　何でなの」と悔しがる。

星野さんや藤木会長と温めてきた野球復興プランは①ちびっ子たちの底辺拡大②社会人・大学・高校野球のアマ3団体一体化―が2本柱。「星野さんは『プロに特権意識があってはいけない。自分たちも通ってきたアマの道にもっと思いを』とおっしゃっていた。アマを一体化することで、自分たちもプロ側に問い掛けていくことが出来るようになる」と佐々木さん。まずは全国の社会人、大学、高校の監督を中

記者コラム

心にした「小委員会」の設立を目指す。

大きな後ろ盾だった星野さんが亡くなり、佐々木さんは「正直なところゴールは見えない」と本音も漏らす。しかし「それでも、やらなくちゃいけないという気持ちが出てきている」。

垣根を越えた新たなプロ・アマ時代を目指し、野球界の仲間に声を掛け続けるつもりだ。

星野さんの遺志を継いで。

「野球をやってきたからこそ、人の道をそれることなくやってこれた」と語る

ささき・まさお　横浜一商（横浜商大）―日大―日大明誠監督（山梨）―横浜商大監督。疎開先の群馬県邑楽郡で生まれ、横浜市で育つ。1984年から神奈川大学野球リーグの横浜商大で監督を務める。2018年秋に勇退することを表明している。6度のリーグ優勝に導き、岩貞祐太投手（阪神）らを輩出。2008年から4年間、全日本大学野球連盟監督会会長を歴任するなど、プロ・アマを問わず幅広い人脈を持ち球界全体の発展に尽力する。69歳。

藤沢商

田代 富雄

屈指のアーチスト

誰よりも遠くにホームランをかっ飛ばし、県内屈指の〝アーチスト〟として、高校でもプロでも常に大きな背中に注目を集めた。

藤沢商（現藤沢翔陵）から輩出され、大洋ホエールズの主砲としても通算278本塁打と輝かしい実績を残した田代富雄は、あの夏を忘れたことはない。

1971年。「4番・サード」として迎えた高校2度目の夏。注目の長距離砲は準々決勝までの4試合で打率7割2分2厘、13打点と驚異的な活躍でチームの総得点の半分近くを叩き出していた。

甲子園まであと2勝に迫った準決勝、保土ケ谷球場で行われた桐蔭学園戦。「すごいロングヒッターで、本当に怖かった。1学年下だが、打たれたら絶対に流れが変わる」。桐蔭学園の捕手土屋恵三郎（現星槎国際湘南監督）は、田代を最も警戒していたという。

藤沢商は六回に3点を奪って逆転したが、じりじりと迫られ、4―4の八回、三塁田代は打球をはじく失策を犯し、決勝点につながってしまう。直後の九回に先頭で意地の中前打を放ったが、ゲームセットのコールは三塁ベース上で聞いた。

神奈川大会準々決勝の横浜戦。藤沢商の田代は3安打3打点をマークし、2年生ながら4番の役割を果たした＝1971年7月27日、保土ケ谷球場

「俺がサードでなく、ファーストを守っていたら、甲子園にも行けたかもしれないんだよ。今もOB会で自分から言うよ。俺のエラーで負けてね。すいませんね、と」

その夏、甲子園に初出場した桐蔭学園は大塚喜代美―土屋のバッテリーを中心に、前年の東海大相模に続いて全国制覇を成し遂げた。

小田原市出身。酒匂中時代から名をとどろかせ、評判を聞きつけた関係者がスカウトに訪れた。地元の相洋からも勧誘を受けたが、藤沢商の監督金子裕の熱意にほだされたという。

「おまえをプロ野球選手にしたい。ファーストだと、なかなかドラフト候補にリストアップはしてくれないからな」。金子は田代の将来を考え、プロから指名されやすい三塁を与え、入学直後から4番に据えた。

この長距離砲がいかに規格外であったかを示すのが、今でも語り草となっている斬新な守備隊形「田代シフト」だ。

「渡辺さん、覚えてるかなあ。外野4人の田代シフト」。スラッガーがそう振り返った50年近く前のことを、横浜前監督の渡辺元智は笑って思い返した。

「田代君はお化けみたいなホームランを打ってね。シフトを敷くと、そこを越えてやろうと力むじゃない。普通に打てればシフトなんて関係ないが、意外と人間は力む。反対方向に打とうという打者じゃないしね」

レフトをがら空きにする「王シフト」を参考に、外野を4人にして一、二塁間を空ける極端なシフトを渡辺が仕掛けると、それをまねる学校が増えていったという。

〝打の怪物〟と呼ばれた最後の夏は、4回戦で日大藤沢に0―2で敗退。八回の高校最終打席は敬遠された。甲子園出場の夢が途絶え、記者から何を聞かれても答えられなかった。

高校通算42本塁打。その秋、大洋にドラフト3位で指名された。「そんなに注目されているとは思わなかったし、ドラフトの日も早退してさ。同級生の家でマージャンやっていたんだよ。次の日、監督に怒られてさ。学校にいろ、とか」

翌年、1学年下の後輩が藤沢商にとって

悲願の甲子園出場を果たす。横浜や東海大相模ではなく、藤沢商出身のプライドを大事にしてきた。

もう一度、人生があったら母校でやりたいかとの問いには、「そりゃ、そうですよ。あの仲間といい先輩、いい後輩、同僚、監督にも恵まれてやれたからね」と即答するのだった。

プロ入り後、ジュニアオールスターに出場し、甲子園で初めてプレーした時、「これが甲子園か」と、その土をしみじみと触ったという。

ベイスターズで監督代行まで務め、韓国プロ野球、楽天を経て現在は巨人の2軍打撃コーチ。指導者歴が長くなったが、どんなに若手が失敗しても、我慢強く見守る愛のある指導は定評がある。

「野球は9人で戦うスポーツ。みんなで戦っていくスポーツだから、自分だけ良け

神奈川大会準決勝の桐蔭学園戦、藤沢商の九回の攻撃。中前打で出塁した田代（背番号5）は三塁まで進んだが、1点が遠かった＝1971年7月30日、保土ケ谷球場

ればいいもんじゃない。そういう中でみんなで喜びを分かち合っていく。それが自分の人生に生きていくんだ」

オバQと呼ばれた現役時代と同様に、真っすぐに生きている。

（文・小林　剛）

「和製大砲」見守り育てる

1991年10月10日。本拠地横浜スタジアムでの阪神戦、ホエールズの主砲だった田代は現役最後の打席で逆転の満塁本塁打を放った。アーチストとしてファンを魅了し続けた野球人生だった。

大洋の看板選手として通算278本塁打をマークし、引退後は解説者やラーメン店経営を経て、2軍の打撃コーチとして古巣に復帰した。

首位打者に輝いた金城龍彦（現巨人コーチ）をはじめ、多村仁志、村田修一、吉村裕基（現ソフトバンク）ら多くの和製大砲を育てた。細かいことを指摘せず、自らが気付くまで我慢強く見守る指導法だ。

「俺が教えて、全部うまくなるとは限らない。そう自覚しているし、分からねえときは分からねえと言っちゃう。本音でぶつかっていくこと。いい加減なことは言えないからな」

教え子に寄り添い、楽天コーチ時代には選手を守るため、球団フロントと衝突して退団したことさえあった。ただ、選手たちの逃げの姿勢には真っ赤な顔をして雷を落とした。お酒と演歌をこよなく愛する名コーチは、そうやって選手たちと信頼関係を築いていった。

「高校時代もさ、監督はうるさく言わないし、好きにやらせてくれた。その分、責任感が増すもんなんだよ」。藤沢商時代の教えが原点にある。

高校時代の経験を生かし、現在は2軍打撃コーチとしてジャイアンツの若手を見守る田代

記者コラム

たしろ・とみお 酒匂中―藤沢商（現藤沢翔陵）―大洋。高校時代は甲子園の出場経験はなかったが、県内随一のスラッガーとして名を馳せた。小田原からの電車通学では、藤沢を通り過ぎ、大船駅まで寝過ごすことも多かったという。プロでは4年目の1976年に1軍に初昇格し、77年から10年連続で2桁本塁打を記録。引退後は横浜ベイスターズで監督代行を務めたほか、韓国・SK、楽天、現在の巨人と打撃コーチとして渡り歩いている。小田原市出身。63歳。

桜丘　阿波野　秀幸

〝トレンディー〟の反骨心

1982年夏の大会誌をめくると、東海大相模の名将、原貢が神奈川大会を展望し、こう発言している。「公立にいい投手がいるし、本当に分からない。一番素質があると思うのは桜丘の投手――」

タテジマの勝負師が一目置いたエースの名は阿波野秀幸。私学の強大な戦力、絶頂期にあった横浜商（Y校）を向こうに回し、細身なサウスポーが勇名を馳せていた。

「横浜、東海、法政二、桐蔭、この辺は相当困難なチーム。いかに勝つかという努力が後につながった。Y校は同じ公立校だからライバルだった」

体格で、環境で勝る相手をいかに打ち破るか。近鉄で女性人気を集めて〝トレンディーエース〟と呼ばれ、時代の寵児となった左腕の原点は、爽やかな見た目とは裏腹な泥くさい反骨心だった。

鶴ケ峯中3年時、既に「打倒私学」ののろしは掲げていた。少年野球時代の恩師が卒業生という縁で志望したのは、その夏に神奈川8強まで勝ち上がった横浜市立校だった。「公立校でありながら野球にも力を入れていた」。桜並木の美しい学び舎に可能性の芽をつかんでいたが、この時はまだ、大きく開ける未来を知らない。

塾通いを実らせ、晴れて入学した夏に早速ベンチ入り。2年連続の8強に進んだ。その夏、愛甲猛の横浜は全国制覇を達成。神奈川のレベルの高さをかみしめたというが、翌年には強豪校にも自らの名を刻みつけることになる。

エース番号を背負い臨んだ2年夏。5回戦で桐蔭学園とぶつかった。最後は自らが痛打され、サヨナラ負けを喫するも、最終回まで1―1と苦しめた。

快投は秋も続く。3回戦で荒井直樹(現前橋育英監督)、山本昌広(元中日)を擁する日大藤沢を2―1で破りベスト8に進出。「初めて強いチームに勝てた。勝ち方も分からず必死に投げた結果だった」。つかんだ自信は打倒私学の思いを加速させていく。

当時の中堅手大西浩司は頼もしい背中を覚えている。「練習後、かばんを後輩に預けて、学校から鶴ケ峰駅まで走って帰ってたんだよね」。疲れた体にむち打ち、尾根伝いに5キロ以上を走り続けた。大会前は灼熱のマウンドでも耐えうる体力と精神力を養うため、連日200球、300球の投げ込みを続けた。

量だけではない。強豪との競り合いを経て質も上がった。

「たくさん点を取れるわけではないので守り重視の野球。サインプレーも含めて私学に勝つための戦術を徹底的に練習した。相手の隙をついたり、考えている裏をいってみたり」。だが、散り際は思いもよらず早かった。

注目を集めた82年夏。4回戦の日大戦は、またもひりつくような投手戦となった。

今もその場面は脳裏に焼き付いている。1―1で迎えた九回。1死二塁から初球のカーブを中前に痛打された。翌日の神奈川新聞には悔しさを押し殺すようなコメントが載っている。「内角から真ん中に入って、ちょっと甘かった」―。

日大はその夏、決勝まで進んだ。35年がたっても、よぎることがある。「もしかしたら甲子園に行けたかなって思う部分はちょっとありますね。日大には負けたことがそれまでなかったから油断もあったかもしれない」

結果には後悔があるものの、来し方に悔いはないという。「少ない部員で力や知恵を出し合い、私学に負けない練習をしてき

1年秋から背番号1を背負い、屈指のサウスポーへと成長していった＝1980年秋（阿波野秀幸氏提供）

た。考え抜いてプレーしたことは後に武器になった」。仲間と泥だらけになって積んだ練習を誇りに思える。

東都リーグでもまれ、3球団競合の末、

3年夏の1回戦で大沢を相手に力投した阿波野。最後の夏は4回戦で涙をのんだ＝1982年7月、等々力球場（大西浩司氏提供）

ドラフト1位で近鉄へ入団。1988年には伝説の川崎球場「10・19」のマウンドに立ち、翌年には日本シリーズへ。ベイスターズでは日本一にも貢献した。

華々しいプロ生活でも、鮮明に記憶に残るのは近鉄時代の1年目に出場したオールスター戦だという。舞台は聖地甲子園。栄えある先発マウンドで、東海大相模出身の原辰徳（巨人）と対峙した。その感動は四半世紀を経てなお色あせない。

「もう一度人生を選べるのであれば、私学で甲子園に出てみたい」という。

ただ、高校時代の不完全燃焼の思いが、飛躍の種となったことは揺るがない。

「負けたくない思いが大学時代は特にあった。無名の意地というか、大したことないというのを見返してやりたかった」

（文・須藤　望夢）

受け継がれた「誇り」

近鉄、巨人を経て1998年、横浜へと移籍。その年に中継ぎ左腕として日本一に貢献したが、阿波野さんは翌夏にも横浜スタジアムで心震える瞬間に立ち会っていた。

「甲子園に一度も行ったことがない学校ですし、自分たちの夢を託す思いで応援していました。うれしかったですね」

1999年7月28日。35回目の誕生日は灼熱のスタンドで祝った。神奈川大会準決勝。仲間たちと駆け付け、エールを送るその目の前で母校は桐光学園を4—1で下し、決勝へと駒を進めた。

桜丘高の目の前の中学に通った記者も、準優勝したあの夏の旋風は忘れられない。近所の野球の強い市立校。そんな身近な学校があれよあれよと勝ち進む姿に、地元の友人たちと夢中になった。

記者コラム

阿波野さんは高校時代を振り返り、ふっと笑う。「1年生には1日三つとか四つとかボールを縫うノルマがあるんだけど、疲れて眠いときなんかは野球部じゃない人たちが手伝ってくれた。そうした何げない日常が楽しかったかな」

桜丘に憧れた元球児にとって、阿波野さんはヒーローだ。それでも本人はかぶりを振り、こう言った。「母校からプロに行ったのは僕だけだけど、そんなのは関係ない。僕らにとっては、準優勝したあの代が誇りです」

「勉強もしっかりして、野球人としても人間としても大きく成長してほしい」と球児にエールを送る

あわの・ひでゆき　桜丘―亜大―近鉄―巨人―横浜。横浜市旭区出身。高2夏は5回戦で桐蔭学園に惜敗。3年夏は準優勝した日大に4回戦で敗れた。亜大で通算32勝をマークし、ドラフト1位で近鉄に入団。1987年に15勝、防御率2・88、リーグ最多の201奪三振で新人王を獲得した。89年は最多勝（19勝）、最多奪三振に輝いてリーグ優勝。巨人を経て97年オフに横浜へ移籍し、中継ぎ左腕として98年の日本一に貢献した。現在は巨人3軍投手コーチ。53歳。

日大藤沢

山本 昌広

掛け合わせの妙

球界のレジェンドと称された山本昌広はこう振り返る。

「本当にボタン一つの掛け違いで、まったく違う人生になったと思いますね」

49歳でプロ野球史上最年長勝利を記録し、実に50歳まで現役を全うした。沢村賞に加え、最多勝にも3度輝いた。歴代16位となる219勝は、神奈川高校野球出身では断トツだ。だが選択を一つでもたがえば、全てがなかったかもしれないというのだ。

茅ケ崎市の松林中時代、2番手投手だった。「同級生に関水（光八）君という投手がいて、僕なんて問題にならなかった」。そのエースが中学3年最後の大会を前に腰を痛めた。巡ってきたチャンスで、左腕はチームを茅ケ崎市大会優勝に導く。

「県大会に行ったことで、たまたま日大藤沢高校が声を掛けてくれた」

自信はなかったという。「行くか行かないかは当時の監督さんにお任せしました。やめておけと言われていれば、普通に県立の鶴嶺高校あたりに行くつもりだった」。エースの故障がなければ、監督の後押しがなければ、伝説は始まりもしなかった。

大型左腕は1年生の秋から背番号11をも

らった。1学年上のエースは、後に前橋育英の監督として2013年夏の甲子園で優勝することになる荒井直樹だった。

当時の神奈川には、甲子園を沸かせた三浦将明の横浜商（Y校）が君臨していた。山本が2年春の県大会、日藤はY校に4－14という大敗を喫する。

「その試合がきっかけでしたね。翌日から荒井さんが『おい走るぞ』って。毎朝、学校の周りを6キロ走るようになった。あれがなかったら、今のようにはなれなかった」

厳しい先輩との日々こそが、プロで32年間も投げられるだけの、まさに足腰となったのだった。

最上級生となった山本は、当時の神奈川新聞で「右の三浦、左の山本」と紹介されるほどの存在になっていた。ただ、当人は苦笑する。

「左に良いのがいなかったんでしょう。三浦は全国的にも抜けている存在でしたが、私は大した投手じゃなかった」

その年はたまたま「神奈川選抜」が組まれ、国際試合を戦うことになっていた。神奈川のエースは三浦の予定だったが、Y校が春夏連続の全国準優勝を果たして日本選抜に引き抜かれたため、山本は繰り上げで神奈川の主戦となった。

韓国選抜を相手に好投し、活躍が中日のスカウトの目に留まる。そしてドラフト当日、3位指名された三浦に続いて、山本昌広の名が5番目に呼ばれることになる。

高校3年夏の山本。県下ナンバーワン左腕と注目され、2連続完封もマークした＝1983年7月18日、追浜球場

「三浦が神奈川選抜だったら僕は投げていないし、韓国戦でのピッチングがなければ、ドラフトもなかったでしょうね」

間接的ではあるが、三浦もまた一人の恩人ということもできるのだ。


本当はプロ入りを断るつもりでいた。

「自分は神奈川のベスト8が最高だし、夢だった教師になった方がいいと、大学に行くつもりでした。プロはそんなに甘いものじゃないと」

自らを推してくれたスカウトの高木時夫は、日大藤沢監督の香椎瑞穂の教え子だった。そうした背景もあり、最終的にはプロ入りを決める。

「プロにたくさん送り出した実績のある香椎監督が、最後に『おまえならいける』と。あの言葉がなければ、大学行っていたでしょうね」

レジェンドは18歳までの自分をこう評す

る。

「僕としてはなんというか、わーと飛び抜けた存在だったことが小学生の時から一度もなかったんですよ。だから自分がプロに入って良いのかと」

確かに数々の岐路で、進むべき先を示してくれたのは監督や先輩であった。だが中学最後の大会での活躍、荒井先輩との朝練、韓国戦での好投。ボタンを掛け合わせていったのは、自身の力にほかならない。それなのに、本人はことさら誇ることをしない。

「野球が好きで、野球をずっと一生懸命やってきて、そこに対してはしっかりやってきたという思いはあります。いろんな人に恵まれて、本当に幸せな野球人生だった」

人生で一番泣いた日

その敗戦を、本紙は叙情的に伝えた。

「だれかのヘルメットが音を立てて床に落ちたのを合図に、全員がワー、ワーと男泣きした」

人一倍涙を流したのが、2年生の山本昌広だった。1982年7月29日。神奈川大会準々決勝で、日大藤沢は優勝候補筆頭の横浜商（Y校）に2―3で惜敗した。背番号10は敗因を一身に背負い込んだ。

当時のエースは、3年生の荒井直樹だった。社会人野球のいすゞ自動車を経て、2013年には前橋育英（群馬）を率いて夏の甲子園で初優勝を遂げる右腕はこの夏、すさまじかった。

高校2年の夏、Y校に1点差で敗れて無念の表情で整列する山本（左から5人目）。左隣は1歳上のエース荒井、左から2人目は監督の香椎＝1982年7月29日、川崎球場

3回戦で鶴嶺をノーヒットノーランに抑えると、5回戦で座間を相手に再び快挙を達成。2戦連続の無安打無得点を記録したのは、神奈川では荒井ただ一人だ。

そうして挑んだ、Y校戦だった。三浦将明を擁して選抜4強入りの強敵には、春の準々決勝で4―14とぼろ負けしていた。荒井と山本は、夏の復讐に備えてきた。

注目の三浦との投げ合い。マウンドを任されたのは、山本だった。日大（東都リーグ）、日大桜丘で日本一を経験している名将・香椎瑞穂はこの夏、二本柱を交互に先発させていた。2年生も2、4回戦を無失点完投と好調だったのだから、決して奇策ではなかった。

初回が全てだった。2四球を機に2点三塁打を喫すると、捕逸で3点目を許す。それを挽回できなかった。

「プレッシャーもあったんですかね。うちも10安打を打ってるんですよね。ただ、私の四球の多さ（5四死球）がね」

主将で捕手の中山智晴は数年後に本紙にインタビューされ、「インコースのカーブを要求したのが、アウトの高めへ。ミットをかすったんだから、捕れない球ではなかった」と、その捕逸がサイン違いによるものだと明かしている。

悔やみきれない、1点だった。

二回以降は零封し、155球を投げて7安打3失点で完投。山本が立ち直っただけに、荒井を投入するタイミングもなかった。

結局、エースの夏は、ヒットを一本も打たれることなく、終わってしまったのだ。

「人生で最も泣いた試合ですね。甲子園に行くチャンスだったし、いろんな意味で荒井さんに申し訳なくて…。でも、ずっと僕のことを励ましてくれて、荒井さんの肩を借りて川崎球場を後にしたのを覚えています」

背番号1は自分が投げたかったとは言わず、「それより（4番として）チャンスで打てなくて残念です」と後輩をかばった。

その後、Y校も日大に敗れ、優勝は法政二がさらっていった。

涙の夏が終わり、秋の県大会。当時の紙面をめくる山本の手が止まった。「ああ、そう。この試合もなあ…」

横浜との準々決勝だ。日藤は四回までに7－1とリードするも、雨が強くなってノーゲームに。仕切り直しの一戦は、4－11と大敗してしまう。

「横浜がノーゲームを狙ってずいぶんと試合を引っ張ってね。あのままいけばコールド勝ちという流れだった。本当にこれがなければ、選抜にも行けたかもしれない」

神奈川開催で出場が3校だった関東大会では桐蔭学園が優勝、Y校が準優勝、横浜が4強入り。桐蔭とY校が選抜に選ばれ、神奈川としては初の2校選出となった。

迎えた最後の夏。当時春の県大会後に行われていた地区大会で完全試合を達成した山本は「完全男」と注目されていた。

前年と同じ準々決勝の舞台。相手は夏の

法政二との準々決勝の四回2死三塁。打ちとった当たりがポテンヒットとなり、結果的に決勝点となる走者がかえった後にマウンドでしゃがみ込む山本＝1983年7月27日、横浜スタジアム

連覇を狙う法政二だった。またも山本は不運に見舞われる。四回2死三塁から、打ち取ったポップフライが遊撃後方に落ち、先制を許した。最後まで投げ抜くも、スコアは0—1。本紙は「敗れざる敗戦」との見出しをつけ、好投をたたえた。

結局、宿敵Y校が神奈川を制し、そのまま全国でも準優勝まで上り詰めた。「高校時代で悔しいのはやはり甲子園に出られなかったことですね」。夢舞台は近いようで、どこまでも遠かった。

その舞台を今、母校を率いる弟の秀明が追っている。兄も今冬、学生野球指導回復制度の研修を受けた。間もなく正式に登録されるという。

「弟と母校のことですからね。弟も甲子園から遠ざかっていますし、何とかしてやりたい。(登録が済めば)定期的に学校に行って、少しずつ教えたいと思ってますよ」

(文・佐藤　将人)

まるで〝マサの21球〟

3年夏、桐蔭学園との5回戦は会心だった。

高校3年夏、桐蔭学園との5回戦でスクイズを外した場面。この三走（背番号6）を挟殺して三振ゲッツーで窮地を切り抜けた＝1983年7月26日、横浜スタジアム

1点リードの六回、無死三塁を迎えた。まず三振を取ると、続く打者はカウント1―1からスクイズを試みてきた。

とっさに高めに外し、ファウルに。「中学時代は、めちゃバント練習やらされて。頭のあたりって一番難しいんです。そこにカーブ投げたんですよ。よく投げたなあって、自分でも思います」

さらにカウント2―2から、今度は外角に直球を外し、三振併殺という最高の帰結を迎えた。裏に3点を追加し、7―2で選抜出場校を下した。

脳裏には山際淳司氏のノンフィクション「江夏の21球」があった。1979年の日本シリーズ第7戦で、江夏豊投手が無死満塁の窮地をスクイズ外しによる三振ゲッツーなどで脱し、広島を初の日本一に導いた試合だ。

「冗談で、キャッチャーと練習していたんですよ。スクイズ構えたら、立ってくれと。それがたまたま出たんです」

惜しむらくは、ここで山本昌広さんが、何球を投じていたか分からないことだ。ご本人の記憶にも、当時の紙面にもない。〝マサの21球〟なんて、俺が書けば神奈川の伝説になっていたかもしれないのに…。

昔と変わらないじゃん

山本昌さんといえば、多彩な趣味で知られる。オオクワガタのブリーダー、ラジコンはプロ級の腕前。のめり込みすぎからプロ生活の晩年は「ラジコン封印」を宣言していたほどだ。

ラジコンのプロは勝つためのデータを非常に細かく記録する。その探究心を見習い、投球技術の研究にもより一層努めるようになった――と本人はあくまでも大真面目だ。

母校の日大藤沢を率いる5歳下の弟・秀明監督によれば、「凝り性なところは父親譲り」。父は器用で、ボウリングでもゴルフでも、やればすぐに素人レベルを超えたという。ただ父との違いは、「兄貴は全然飽きないこと」。

プロで活躍し始めたころ、実家に帰ってくるとこう言われた。「秀明、ちょっとクワガタ捕りいくべ」。初めて建てた家に招待された時には、クローゼット一面に並べられた漫画を自慢された。「少年時代に読んでいた古いやつがずらーっと。めちゃくちゃうれしそうでした」

引退後にラジコンのテレビ番組まで任された兄。「基本的にやっていることが、昔から変わってないじゃん」。山本兄弟は仲が良いのだ。

高校時代について笑顔で振り返る山本

やまもと・まさひろ　日大藤沢―中日。茅ケ崎市出身。2年夏は準々決勝で同い年の三浦将明擁するY校に1点差で敗戦。3年夏も準々決勝で法政二に0―1で負け、結局神奈川ではベスト8止まりだった。本名は「昌広」だが、プロでチームに山本が2人となって「山本昌」の登録名になってから最多勝などを獲得したため、その後もそれで通した。50歳まで現役を続け、通算219勝のほか、数々の「最年長記録」を打ち立てた。現在は解説者などを務める。52歳。

桐蔭学園　志村　亮

プロを選ばない生き方

オフィスや商業ビルが立ち並ぶ東京・東銀座。かつて「幻のドラフト1位」と呼ばれていた男はビジネススーツに身を包み、営業マンとして30年近いキャリアを重ねていた。１９８４年、左腕エースとして桐蔭学園を2度目の夏の甲子園に導いた志村亮（三井不動産勤務）だ。

現在の所属は「ロジスティクス本部　ロジスティクス営業部」。インターネット通販市場の成長などで高まるニーズに応えるため、全国に中継拠点となる物流施設を整備する一大プロジェクトに、グループ長の肩書で携わる。

「社内的にもっと伸ばしていこうという部門の一つ。これまで5年半で総投資額４千億円という、ピンとこない数字があります」

得意先の物流業界には、日本通運や西濃運輸など都市対抗大会で活躍する硬式野球部を持つ企業も多い。「この年になっても野球つながりのネットワークが広がっているんです」。第一線でプレーする野球を離れて久しいが、今も国民的スポーツの裾野の広さを実感する機会に恵まれるという。

「志村　1億円でも『ノー』」。入社前年の88年秋、プロ野球・ドラフト会議直前の

16強入りした3年夏の甲子園は、再三にわたって得意のけん制球でピンチの芽を摘んだ＝1984年8月15日、海星（長崎）との2回戦

動向を報じる各紙に、そんな大見出しが躍った。

バブル絶頂期だった当時のドラフト1位の契約金相場は約8千万円。だが、注目の左腕は早くからプロ入りしない意向を表明しており、「記者さんの例え話に『金額じゃない』と前置きした上で、仮に1億円でも、と聞かれたんですよ。それで『1億蹴る』と…」といきさつを明かす。

志村は大学4年春から秋にかけての東京六大学リーグで、ともにリーグ記録の5試合連続完封と53イニング連続無失点の偉業を達成。その一方で「野球を職業とすることへの不安があった。実力だけじゃなく、けがで続けられなくなるリスクもある」と感じていたという。

何より、プロや社会人野球に進むことで、プレーヤーとしての終着点が見えにくくなるのが嫌だった。「高校野球なら甲子園、六大学なら神宮という目標があった。ボロボロになるまで続けるべきなのかどうか」。ボロドラフト前には、人気の高かった不動産最大手の内定も取り付けていた。

真剣勝負はこれが最後─。覚悟の好投はプロ側の評価をさらに高めることになり、巨人をはじめ6球団以上から即戦力の評価を受けた。かたくなな姿勢は臆測を呼び、過去のドラフトの歴史になぞらえて、特定の球団との密約説までささやかれたほどだ。

「世間の人からは、プロを拒否したとか、志村は野球が嫌いになったとか言われました。ただ、僕は社会人野球の誘いも含めて、そっちを選ばなかっただけなんです」。当時はその真意を理解してもらえなかった。

「もしかして、あの志村さんですか」。駆け出しの営業マン時代、顧客から尋ねられることが多かったという。野球をネタに仕事を取ることを嫌った一方で、「周りが受け入れてくれるかどうかは別として、野球とは一生いい感じで付き合っていきたい」。そんな将来像も描いていた。

2人の子どもが通った縁から横浜市戸塚区の少年チーム「品濃ヴィクトリー」の代表を引き受け、現在も仕事の合間を縫って指導に当たる。50歳を過ぎても会社の軟式チームの試合で登板し、高校野球の神奈川大会ではテレビ中継の解説を頼まれる。「結果的にはものすごくいい形で続いていて、こちらは想像以上でした」と喜ぶ。

休日は少年野球チームの指導に当たる志村＝横浜市戸塚区

全ての球児に訪れる人生の選択の時。生涯にわたって野球を職業にできる選手は一握りだ。88年の1位指名選手の顔触れを見ると、谷繁元信（横浜など）と野村謙二郎（広島）の活躍が群を抜くが、8人いた投手では今中慎二（中日）の91勝が最多。故障に泣き、1軍出場すらかなわなかった選手もいた。

志村の場合、その能力や実績から進路が注目されたが、プロ入りだけが全てではないという生き方も示していた。

「プロに行っておけばよかったという思いはあるか」―。ドラフト〝拒否〟が遠い過去となった今もそう聞かれるのは、現役時代の存在の大きさの裏返しだろう。ただ本人は迷いなく返す。「全然、一回も後悔したことはないし、今でもこれだけはブレません」

（文・塩野　圭太）

記者コラム

2度の開幕試合の記憶

桐蔭学園に入学直後から公式戦に登板し、春夏2度の甲子園の土を踏んだ志村。豊富なマウンド経験の中で印象に残っているのは、3年間で2度巡ってきた開幕試合の舞台だ。

3年夏の甲子園は、先発を控えた炎天下の開会式が憂鬱だったという。そこで連絡を取ったのが横浜商（Y校）のエースとして活躍した三浦将明。前年に春夏連続の全国準優勝に輝いたY校も、開幕カードを戦っていたからだ。

志村にとっては1学年上のスター選手で、当時は面識もなし。既にプロ野球の中日入りしていた三浦の連絡先をどこからか入手してくるあたりに、日頃はライバルとして競い合う神奈川の高校球児の「横のつながり」が垣間見える。

「あいさつなんか聞いちゃいねえよ。（整列の）先頭じゃねえだろ？ ずっと下向いて、ガムでもクチャクチャかんでればいいよ」。本気か冗談かはさておき、そんな三浦の痛快なアドバイスに救われ、志村は初戦のマウンドで緊張しなかったことを覚えている。
一方で「あの試合だけは、変えられるものなら変えたい」と悔いるのが1年夏、相洋との神奈川大会の開幕試合だ。志村は0―9の七回に登板し、コールドゲームが成立する10点目を献上。直後に奇本（木本）芳雄監督が辞任する事態となった。「おまえら、良くやったぞ」。試合後、選手バスを囲むOBの温かい言葉が胸に刺さったという。「逆に罵倒してくれれば良かったんですが…。負けて悔しいというより、周りの人に影響を及ぼしてしまったという意味で後悔してますね」

しむら・りょう　花水小―浜岳中―桐蔭学園―慶大―三井不動産。甲子園には2年春、3年夏の2度出場。高い制球力と球の切れで勝負した左腕は、けん制球の名手としても知られた。悔いのない野球人生を表すように、サイン色紙には「完全燃焼」の4文字を記した。現在は慶大野球部技術委員や桐蔭学園高野球部OB会副会長などを務め、後進の指導にも当たる。藤沢市出身。51歳。

向上

高橋 智

エリートの対極歩む

「車で駅まで迎えに行きますよ」

2017年12月30日夜。実家に帰省中の高橋智が最寄りの横浜市営地下鉄・上永谷駅前へ乗り付けたのは、現役時代のような高級輸入車ではなく、ファミリータイプのワンボックスカーだった。

194センチの巨体に丸刈り頭で、スウェットの上下という容姿は人目を引いたが、記者とカメラマンには物腰柔らかだった。「子どもは中3、中2、小1の3人。75歳まで家のローンも払わなきゃいけないんすよ」

台湾球界を経て2002年に引退後、妻の郷里の名古屋で暮らしている。指導者の働き口を得られず、解説業だけでは生活していけないからと球界を離れた。整体の仕事に始まり、知人の紹介で自動車部品工場へ。だが、リーマン・ショックのあおりで再び転職。現在はエレベーターの販売・点検会社に勤める。

現役時代は最高で推定5千万円近い年俸をもらった右の長距離砲も、引退後の蓄えには思いが至らなかったという。

「ベンツにロレックス、キャバクラ…。ザ・昔のプロ野球というか、若い頃に金を使う先輩を見ていたから。アホでしたね」。

武勇伝を指折り数え、笑い飛ばす。良くも悪くも昭和の野球人だった。

阪急ブレーブス時代、本拠地・西宮球場の観客席最上段から、約2・5キロ南にある甲子園球場の照明が見えたという。「ドンドン、という応援が聞こえましたもん。こっちは客がいませんから」と1980年代後半を回想する。

「人気のセ、実力のパ」と言われた時代の悲哀だが、そんな逆境がスラッガー・高橋智を育ててくれたとも続ける。「高知キャンプにもファンは来ない。反骨心の塊ですね、当時の阪急は」

高卒2年で投手を断念。打者転向後、スパルタ指導で知られた水谷実雄コーチに出会う。江藤智や前田智徳、中村紀洋らの資質を見抜いた名伯楽は、多少のけがも容赦はしなかった。高橋は87年のジュニア・オールスターに、両手首を負傷しながら出場した思い出もある。

そんな労苦も「無茶と言われるくらいの猛練習がないとダメというか、そこがプロとアマの違いだと僕は思う。いまの若い選手には合わないかもしれないけれど」。体一つで金を稼いできたプライドがのぞく。

周囲には生きた教材もそろっていた。外国人初の三冠王に輝いたブーマーに、40歳で本塁打王を獲得した門田博光。「門田さんが新球を打つと、ボールが変形するんです。それを2軍の俺たちが使っていた。いつもコーラばかり飲んでるのに、すげえなと」

長い下積みは実を結び、オリックス時代の92年にはキャリアハイの29本塁打。「どんな速球が来ても、ドッジボールくらいの大きさに見える時期があった。これ、本当に打ってもいいのという感じで」とまくし立てた。

関東六浦との神奈川大会準決勝で、五回に2点本塁打を放ってガッツポーズする高橋智＝1984年7月29日、横浜スタジアム

日本人離れしたパワーに、あけすけな物言いは豪快そのもの。だが「（隣の）阪神に行っていたら、プレッシャーでつぶれていたかもしれない。向上高校に行っていなければ、今の自分はなかったし」と自身の原点に立ち返る。

中学時代は、3年間で身長が約30センチ伸びたこともあり、膝の痛みで満足に野球ができなかった。甲子園常連校からの誘いを断って、選んだ向上では1年からレギュラーに抜擢。「何も結果を出していないのに、勝井（直幸監督）先生が期待して使ってくれた。オリックスで土井（正三）さんが使ってくれたのもそう」

中学の軟式野球部から甲子園出場歴のない高校、そして日の当たらなかった時代のパ・リーグへ。野球エリートとは呼べない環境に身を置き、厳しくも温かい指導者に恵まれて、「デカ」の愛称で親しまれた異色のスターは生まれたのだ。

「知らないうちに、そういう一つのストーリーに入っていったのかな。後悔はないです」

（文・塩野　圭太）

甲子園だけが人生じゃない

ファミレスのドリンクバーだけで2時間近いインタビューに応じてくれた高橋さん。「いまも、やってるんすかね」。向上時代の厳しいトレーニングの中でも、一番の思い出は冬の箱根合宿だ。

「3泊4日か、1週間続いたかな。1日80キロくらい走ってました」。5時起床、6時スタートでまず箱根の山上り。昼は芦ノ湖を1周。夕方に再び山上りというハードなランニングメニューだ。「1年の冬は地獄でした。走れなかったから。キャッチャーの大塚（元南海）は、遅すぎて棒で叩かれてましたよ」と笑い話に変える。

監督らの目を盗んで練習をサボったことも、今ではいい思い出だ。「（学校近くの）駄菓子屋に入ってジュースを飲みながら後輩に見張らせて。『監督来ましたー』ってなったら急に腹筋を始めて。そういうのが面白かったんですよ」

記者コラム

名古屋に住んで15年以上になるが、母校の活躍を気に掛けてきた。「勝井先生が、今度こそ甲子園に行けると言うから」。3度目の決勝に進んだ2014年夏も休暇を取って、横浜スタジアムへ駆け付けた。

夏の神奈川大会決勝。1976年は原辰徳さんの東海大相模に0―19、2014年も東海大相模に0―13で敗れた。高橋さんは1984年決勝で延長14回を戦い、甲子園に最も近づいた。

「甲子園だけが人生じゃない。ご両親もプレッシャーをかけないでください。勝とうが負けようが、子どもたちの人生だから」。かつて自分がそうだったように、後輩にも伸び伸びプレーしてほしいと願う。

高校時代の写真や記事を見ながら、当時を振り返る高橋智

たかはし・さとし 中田中―向上―阪急ほか。横浜市出身。高3夏に神奈川大会で準優勝し、1984年のドラフト4位で投手として阪急入り。3年目に野手へ転向し、194センチの長身を生かした右の長距離砲として開花した。オリックス、ヤクルトでもプレーし、プロ17年間で124本塁打。愛称「デカ」は阪急時代の故・上田利治監督が命名。現在は名古屋市在住。地元のエレベーター会社「ネスコ」に勤務し、業務用エレベーターの保守・点検業務などに当たる。51歳。

勝者が嘆き、敗者が歓喜する――。神奈川新聞アーカイブズに残る1枚の写真は、試合結果とは正反対の一瞬を捉えていた。1984年夏の神奈川大会決勝。打ったのが向上のスラッガー高橋智ならば、投げたのは桐蔭学園の左腕志村亮。卒業後の歩みも大きく異なる2人は、戦後の決勝史上最長14イニングに及んだ名勝負を演じていた。

失意乗り越えV導く ― 志村　亮（桐蔭学園）

「観客席に突き刺さる感じで、すり鉢状の球場じゃなきゃどこまで飛んでいくんだと…」。あくまで後日談だ。志村亮は打球の行方を追うことなく、しゃがみ込んで頭を抱えた。まるでサヨナラ負けでもしたかのように――。

4―2の七回1死二塁。打席は向上の5番高橋智だ。カーブ、カーブで追い込んで序盤は絶好調だった。五回まで完全ペースの好投に味方も援護。「決勝でノーヒットノーランも悪くないかな」と気をよくし、スクイズで与えた六回の初失点も「あと3回」と割り切ったつもりが、好事魔多しである。

同点に追い付かれ、左翼の守備に回った志村は気落ちしていた。九回2死一、二塁、今度は一打サヨナラの場面まで追い込まれてしまう。ここで志村は、場内アナウンスで再登板を知った。「えーって。何も言わないんですよ、土屋（恵三郎監督）さん。審判に告げてスタスタとベンチに帰ってしまって」

戸惑いと不安を抱え、マウンドへ向かう

七回に一時同点となる2ランを放った向上・高橋（左から2人目）と、頭を抱える桐蔭学園・志村（左）＝1984年7月30日の神奈川大会決勝

から「真っすぐだったかな。インコース低めの、まあまあ狙ったところ」という勝負球を、軽々と左翼席上段へ運ばれてしまった。

足取りは重い。「最後は負けるなら（背番号）1番を付けているやつに投げさせたいと情けが入ったのかな」。わずかな時間でさまざまな思いが頭の中を駆け巡った。

その時だ。「おーい志村、おまえがエースだ！」。観客席からこの日一番の大声援が背中を押した。ああ、頑張らなきゃ。われに返った志村は奮い立った。

試合開始から3時間を超えた。延長十四回表の攻撃で5点取ったが、疲労から2失点。なお2死一塁。〝最後の1球〟は捕手ではなく一塁手のミットへ。「マジック」と称された得意のけん制で終わらせた。

いまもｔｖｋの高校野球中継で繰り返し放映される、あの夏の決勝。高校時代、志村が打たれたアーチは数えるほどだったが、「あれは別格。痛烈な本塁打ランキング1位ですね」と、高橋の桁外れのパワーを認める。

逆に延長十二回は4番大塚に四球を与えたが、「（次打者の）高橋も歩かせていいと思っていた。それがバントの構えをしたから『うわっ、ラッキー』となって」。外角高めの球で注文通りの捕邪飛に打ち取った。

数年前、向上の勝井直幸監督（当時）と食事をする機会があったという。話題は高橋のバント失敗に及び、「俺もあの采配だけは一生後悔している、と言ってましたね」。勝負のあやとなったシーンは、エースと相手指揮官に共通の記憶として刻まれている。

開き直り特大アーチ ―高橋　智（向上）

一時同点の特大アーチも、延長十四回の激闘も「勝てる気がしなかった。桐蔭とは、プロとアマくらいの力の差を感じていたから」。オリックスやヤクルトで活躍した高橋智の、3年夏の思い出は明快だ。

大会序盤から上位シードが相次いで敗退し「大波乱の夏」と呼ばれた84年。高橋や大塚義樹（元南海）を擁する向上はノーシードから勝ち上がった。あと1勝。誰もが甲子園を意識する舞台なのに、高橋はプレッシャーを感じていなかったという。「何が何でも甲子園という思いは一切なかったんですよ」

2点差に迫った七回1死二塁、好投の志村亮にカーブで追い込まれたあと、直球を豪快に引っ張った。「志村君や捕手の大久保（孝昭）君が考えすぎてくれたのかな。俺はただ真っすぐを狙っていただけ」。開き直りの同点弾だった。

無欲の姿勢は投球にも好影響をもたらす。四回から救援し、七回以降は7イニング続けてゼロを並べた。「何だか知らないけれど、この日だけは真っすぐもカーブも、ストライクが全部入った」と笑う。

高橋はこの夏、エースナンバーを与えられたが、準決勝までの登板は2試合だけ。「いつもは四球を連発して自滅。投手に関しては監督の信頼は絶対にゼロでした」。140球以上投げたのも、延長のマウンドも初めて。「野球をしていて、この決勝が一番楽しかったですね」

緊迫した試合中、少しだけ〝脱線〟した。相手選手を睨みつける姿が、テレビに映ってしまったのだ。「あれは事情があるんですよ」と笑って釈明する。

死球を受けた相手の代打が喜ぶ姿に、カッとなったという。高橋の記憶ではユニホームにかすったかどうか。「何が楽しいんやと。俺なら当たってないと言いますよ」。誰もが必死の舞台で、ひとり別世界にいた。

甲子園に未練はなかったが、試合には少しだけ悔いを残したという。延長十二回、「練習したこともなかった」というバントを失敗した場面だ。

無死一塁、1点取れば終わりという裏の攻撃でベンチのサインに応えられなかった。「変なところで都会の野球を目指し

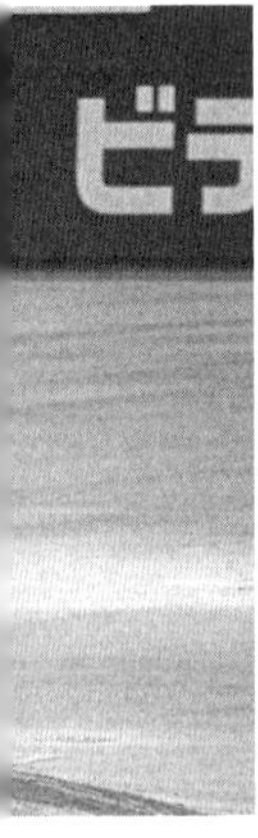

（左）マウンドでナインに激励される高橋智（左から4人目）。（右）延長14回の激闘を制し、ガッツポーズして喜ぶ志村＝1984年7月30日の神奈川大会決勝

ちゃったかもしれない。ずっとイケイケで勝ち上がってきたから。ただ、あれは決めなかった俺が悪い」。シード校との差を、基本に忠実なプレーに見ていた。

プロ入り後、当時のシーンを桐蔭の2学年下の関川（浩一、元阪神）に冷やかされたという。「（バント失敗に）桐蔭ベンチ、めっちゃ喜んでましたよって」

対照的な人生歩んだ2人

慶大へ進んだ志村と、ドラフト4位で阪急入りした高橋。その後も対照的な人生を歩んだ2人は、一度だけ顔を合わせていた。東京遠征中の阪急が横浜・日吉の慶大グラウンドを借りて練習する機会があったという。

記者コラム

ブーマーや石嶺、松永…。のちに「ブルーサンダー打線」の異名を取った強打者と並び、鋭い当たりを連発する高橋の姿に、志村は「別格でしたね。打球があのブーマーと遜色なかった」。自身が打たれた特大アーチにも納得した。

一方の高橋は「プロに来ればええやん、と話しかけたら、志村君は首をかしげてましたね」。後にプロ入りしなかったライバルの生き方が、今となってはうらやましいとも言う。「野球だけが全てじゃないし、第2の人生は長い。将来設計ができていたんでしょうね。俺は何も考えなかったから」

志村らは数年前、同じ1966年生まれの元プロや甲子園経験者らを集めた同窓会を開催。高橋にも声を掛けたが、残念ながら都合がつかなかったという。志村は「会えばきっと、あの夏の話になると思う。(高橋の)バント失敗とかね」と再会を楽しみにしている。

藤嶺藤沢　石井　貴

「ダサい俺」乗り越え

打者に、体ごとぶつかっていくようなピッチングだった。打ち取れば、あらん限り吠えた。「投げる金剛力士像」。そんなふうに呼ばれていたこともあった。

２００４年の日本シリーズでは西武を優勝に導き、ＭＶＰにまで輝いた石井貴の口からは、イメージとは懸け離れた言葉ばかりが出てきた。

「中学と高校なんて、良い思い出が一つもない。なんて言うんだろう。当時の自分は、とにかく『諦めが早い、ダサいやつ』でしたね。それじゃ駄目だとうっすら分かっているのに、そういう態度を出しちゃう。本当にダサかった」

将来はタクシー運転手になろうと思っていた。プロ野球選手だなんて、口が裂けても言えなかった。

綾瀬市の城山中では3年の時に県大会優勝を果たしている。

「でもね。俺は背番号すらもらっていないんですよ。スタンドで応援です」。そんな選手が、１９８５年に夏の甲子園に出場して強豪の仲間入りを果たした藤嶺藤沢に進めたのは、ひとえに縁だった。

就任わずか1年で藤嶺を神奈川大会優勝

に導いたのが、桐蔭学園で全国制覇を成した木本芳雄だった。桐蔭時代の教え子に、貴の7歳上の兄・章夫（現社会人野球日本代表監督）がいた。

中学3年の弟が進路を悩んでいた86年秋、慶大の主将で捕手として東京六大学リーグのベストナインにも輝いた兄は、横浜大洋からドラフト2位指名を受けた。しかし章夫はこの指名を蹴り、社会人野球の東京ガスに進んだ。

理由があった。

石井兄弟は、父を早くに亡くしていた。兄は弟の将来や母を思い、プロよりも安定の道を選んだのだった。相談を受けていた木本は、章夫にこう請け合った。「弟の面倒は俺が見るから安心しろ」。温情で、貴を野球推薦の枠に押し込んだ。

だが当の本人は「そんなやりとりは、今でも直接聞いたことがない」。兄への恩返しを考えるでもなく、ただ監督に怒られないように、厳しい練習をこなす毎日だった。

投手に転向した2年秋に、県大会準々決勝までたどり着いた。相手は有馬。しかし、2―4で創部6年目の県立に初の4強入りを許した。「なめていたんですよね。完全に」。この敗戦を機に、名将木本は監督の座を後進に譲ることになった。

「複雑ですよね。自分たちが辞めさせてしまったんだから」。元号が平成に変わり、新監督に山田光雄を迎えて臨んだ最後の夏も、4回戦で弥栄西に1―2で敗れた。石井は救援して決勝点を奪われている。

木本監督は教え子の地肩の強さを見抜いていた　(石井貴氏提供)

「1年で2度も県立に負けた。私学にとっては、一番かっこ悪いことですよ」。高校野球は、一度も輝かぬままに終わった。

パッとしない高校生活だったが、一つだけ希望があった。「地肩の強さですね。これだけは中学の時から自信があった。特別何もしていないのに、明らかにずぬけていたから。それだけに、すがっていました」

その肩の力で最速145キロを記録したことが、道を切り開いてくれた。何の実績もない18歳の伸びしろを、社会人の三菱重工横浜(現三菱日立パワーシステムズ)が買ってくれた。

兄と同じ社会人野球という舞台に立って、その優しさに思いが至ったという。「こんなふうになれたのは、やっぱり兄がいたからなんだと。行動、姿勢、全てをもう一回見つめ直そうと思った」

初めて野球と向き合った。補強選手として都市対抗の舞台を踏み、最速151キロを計測。屈指の剛腕として93年のドラフト1位で西武に入団すると、14年間で68勝、13セーブ、26ホールドを記録。誰よりも熱く戦う姿がファンに愛された。

ほとんど明かすことのなかった青春を思い起こし、西武では松坂大輔の兄貴分としても知られた右腕は「こんな俺の高校時代なんて書いて大丈夫？」と、何度も念押ししてきた。

「でもあれか。今だって俺みたいなやつもきっといるよね。そんな子たちに、こんなやつもいたんだって読んでもらえるといいかな。ただ俺だって『もっと早く野球への情熱に気づいていれば』と思うんだよ。だから野球が好きなら、自分から野球に向き合える選手になってほしいよね」

（文・佐藤　将人）

（上）背番号10を背負ってマウンドに立つ石井。甲子園が懸かる2年秋、3年夏ともに県立校相手に敗戦という不本意な結果に終わった　（下）少年野球時代の石井。中学校ではレギュラーにすらなれなかった　（いずれも石井貴氏提供）

人間くささがたまらない

イメージと懸け離れていた。あの気迫のマウンド。気合一筋でずっと走ってきた人なのだろうと思い込んでいた。

父を早くに亡くし、兄は弟のためにプロを蹴って社会人野球を選んだ。「兄のためにも、絶対プロになるんだと練習してきました」。そんな物語があると思っていた。

ふてくされていた。練習は嫌々だった。兄はエリート。自分はひねくれていた。質問に対して、マイナスの言葉ばかり並べて返してくる。これがあの石井貴さんなのか…。でも、「ダサかった」という過去を話してくれた飾らない人間くささがたまらない。ファンに愛される理由が、分かった気がする。

「高校時代の自分はダサかった」と赤裸々に語ってくれた石井＝都内

記者コラム

母校の臨時投手コーチも務めていた石井さんは、今季から四国独立リーグ徳島の監督を務める。「解説者としていろんな球団の戦い方や指導を見て、そろそろユニホームを着たいなと」

何より独立リーガーの夢をかなえてあげたいという。「彼らに残された時間は短い。不足を補うのではなく、長所を伸ばしてプロで通用する技を教えたい」。とことんダサかった自分を乗り越えた石井さんの言葉だからこそ、伝わることがあるんだろうなあ。

いしい・たかし　藤嶺藤沢—三菱重工横浜—西武。綾瀬市出身。2年秋は準々決勝で有馬に、3年春も準々決勝で横浜に0—4、最後の夏は4回戦で弥栄西に敗れた。三菱重工横浜で開花し、1993年にドラフト1位で西武に入団。2004年は日本シリーズで2試合13回無失点と活躍して日本一に導き、MVPに。通算68勝をマークして07年に引退し、翌年から西武投手コーチ。解説者を経て今季から四国独立リーグ徳島の監督。46歳。

横浜

松坂 大輔

まだまだ辞められない

「平成の怪物」は己の道を切り開けるのか。

２０１８年1月23日、ナゴヤ球場には生中継した地元テレビ局をはじめ、１００人を超える報道陣が詰めかけていた。「こんなカメラの台数、中日、始まって以来だよ」。ドラゴンズの選手たちが、その異様な光景に目を丸くする。

もがき苦しんでいた右腕が挑んだ中日の入団テスト。完全非公開で実施されたブルペンでの投球ではスライダー、カーブなどを交えて約30球を投じたという。

「去年のシーズン終盤ですけど、投げられそうな手応えがあった。自信がなければテストは断っていた」

西武時代の２軍投手コーチだった中日の森繁和監督から「しっかり着替えて会見をやってこい」と遠回しな言い方で合格を伝えられた。20年目のプロ野球人生への扉が開いた。

あの夏から、もう20年がたとうとしている。

「周りの人に20年と言われると、それだけたったのかなという思いはしますけど、普段から意識することはないですね。（高校時代は）20年後の自分を想像してなかったし、僕がプロに入った時に、20年目の選手は相当なおじさんのイメージ。若い子たちにどう見られるのか。続けたくても、続けられない選手もいる。この場を与えてもらって、感謝している」。大勢の記者に囲まれた右腕は、笑顔でそう言葉を紡いだ。

100回大会を迎える夏の高校野球史に燦然と輝く1998年夏。春の選抜大会を制したエース松坂が率いる横浜は、全国のライバルたちの標的となっていた。

150キロ超のストレートに鋭く曲がるスライダーを武器とするナンバーワン投手は、頼もしい仲間たちと甲子園に乗り込んだ。そして最後の3日間で野球ファンを超え、日本中の視線を集めるドラマの主役となった。

8月20日、準々決勝のPL学園戦では延長17回、250球を1人で投げ抜いた。9―7のスコアだけでは想像できない、壮絶な攻防の中心に背番号1がいた。

「あしたはもう投げられません」。準々決勝後にそう言いながらも、翌日の準決勝、明徳義塾戦では0―6のビハインドを背負った八回に4点を奪うと、球場内の「松坂コール」に後押しされるように、右腕に巻いたテーピングを剝がした。ついに九回、リリーフのマウンドへ。前日までの2日間で398球を投じた背番号1の勝利への執念が、逆転勝ちを生んだ。極め付きは京都成章との頂上決戦。決勝では59年ぶりとなるノーヒットノーランで、史上5校目の春夏連覇を遂げた。その両手を突き上げた力強いガッツ

横浜の春夏連覇が決まった瞬間、捕手小山と抱き合う松坂（右）＝1998年8月22日、甲子園

ポーズは夏の甲子園のハイライトとなった。

20年前に4102校の頂点に立ち、「松坂世代」のトップをひた走ってきた男は、まだ燃え尽きてはいなかった。

日大藤沢時代に何度も投げ合ったヤクルトの館山昌平を筆頭に、ソフトバンクの和田毅や阪神の藤川球児ら、一時代を築いてきた同級生がメディアを通じてエールを送ったり、直接連絡をくれたりして、折れそうな心を奮い立たせてくれた。

「みんなが『待っている、信じている』と言ってくれた。ほかの選手たちの活躍もあって、やっぱり僕もまだまだ辞められない。そういう気持ちがあるので、また同じグラウンドに立って、言葉を交わせたらいい」

ソフトバンクに在籍した3年間は、右肩痛の影響でわずか登板1試合にとどまった。批判は何度も耳にしていた。退路を断ち、現役にこだわった右腕はきっぱり言った。

「周りにどう見られようが、何を言われようが、自分でまだやり切った、悔いのない野球人生とは思えない。そう思えるようになるまで、自分を信じて前に進んでいきたい」

20年目のシーズンが始まる。開幕投手の話題を振られると、いさめるようにかぶりを振った。

「僕は全然投げてないので、大きなことは言えない。目の前の目標を一つ一つクリアしていければ、必ずチームの力になれると思っている」

高校時代の恩師渡辺元智にいつも聞かされた「目標がその日その日を支配する」という教えが口を突いた。名門横浜が生んだスーパースターが37歳で再び、スタートラインに立った。

いつかまたこの仲間で

平成の怪物と県内でしのぎを削った松坂世代の誰もが信じていた。

「松坂大輔はこのままでは終わらない」

横浜と高校時代に最も多く投げ合った日大藤沢のエース、館山昌平（ヤクルト）は、2017年末の時点でそう予言していた。

「大輔はね、いい意味で常に度肝を抜いてくれる。高校、西武でのデビュー戦、大リーグでも、WBCだってそう。今度もすごいことをやってのけるんじゃないかな。そうであってほしい」

館山自身はプロ16年目のシーズンに向け、9度目となる手術を右肘に受け、復活を期してリハビリ中だ。計150針を超える手術痕が痛々しい。

松坂を擁した横浜は2年秋から公式戦で負けなかった。最後の大会となった国体まで無傷の44連勝。日大藤沢は2年秋の県大会決勝、関東大会決勝、3年春の関東大会決勝で3度、無敵の王者の前に敗れた。

松坂をライバルと意識したことはなかったという。「高校から本格的に投手を始めた俺にとって一番の教材だった」。同じマウンドに立つと、踏み出した足跡やプレー

高3春の関東大会決勝は、横浜・松坂（左手前）、日大藤沢・館山（右から4人目）が譲らぬ投げ合いで延長十三回の激闘となった＝1998年5月20日、大宮公園野球場

トの位置、スパイクの刃の並び方まで観察していたこともあった。

3年春の関東大会決勝では松坂と投げ合い、延長十三回まで持ち込みながらも及ばなかった。13回1失点の館山に対し、松坂は150球、19奪三振で完封。「3度も試合をして、3度とも勝ちきれなかった。と

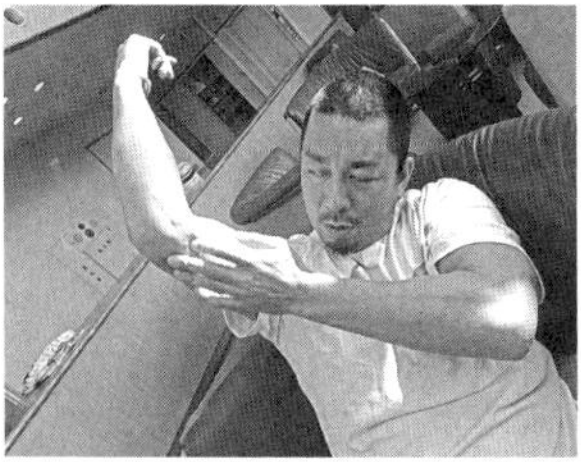

館山昌平　投手。日大藤沢ー日大ーヤクルト。プロ入り後にサイドスローに転向し、2009年には最多勝のタイトルを獲得。厚木市出身

んでもない化け物だったけど、他の県に行ってくれとか思ったことはない。本当にすごいなって」

畏敬の念を抱いたのは、後に西武で同僚となる鎌倉学園の長田秀一郎も同じだった。初めて言葉を交わしたのは2年夏の開会式だった。

「写真撮ろうよ」。怪物が話し掛けてくれた。「有名人として、こっちが一方的に知っていた感じでした」。加納大祐（専大―シダックス―パナソニック）との二枚看板で甲子園に近いと言われたチームは結局、横浜と戦う機会に恵まれなかった。「一度は対戦したかった。だから、生で投球を見たのはたぶんプロに入ってからだよね」

慶大を経て、自由獲得枠で西武に入団した。すでに3度の最多勝を獲得していた松坂に対しては「大先輩にあいさつするような感じでした」。２００４年にはともに日本一を味わった。その後、ベイスターズへ

高2の夏、初対面の松坂（右）と長田が撮った記念写真＝1997年7月12日、横浜スタジアム（長田秀一郎氏提供）

移籍するが、16年オフには戦力外通告。2017年はBCリーグ新潟で単身赴任をしながらプレーした。「まだ投げられる自信もあったけど、若い選手は俺より強い気持ちを持っていて、もう辞めようと思った」

15年間のプロ野球人生を終えた今、再起を図る松坂へのエールには実感がこもる。「いつかは終わるけど、今じゃない。悔いがある、あらがいたい気持ちがあるなら、納得するまで続けてほしい」

スコア「0―25」。1998年の東神奈川大会準決勝で横浜に大敗を喫した横浜商大のエース小森孝憲にとって、あの夏を忘れられるはずがなかった。

雲一つない青空と、超満員の横浜スタジアム。「試合前に横浜の応援席で校歌が始まった時に、マウンドが地響きした。甲子

長田秀一郎　投手。鎌倉学園―慶大―西武―横浜DeNA―BCリーグ新潟。主に救援として活躍し、2017年限りで現役引退。横浜市出身

小森孝憲　投手。横浜商大―東農大―ヤクルト。ゼット勤務

東神奈川大会決勝でホームランを放った松坂。打者としても非凡な才能を見せ、同大会ではチームトップの打率6割5分2厘、3本塁打をマークした。捕手は桐光学園の江口＝1998年7月28日、横浜スタジアム

園に出場するチームはこんなにも応援だってすごいんだな」

力も入った。二回途中で9失点。松坂には90球で完封された。「速すぎてボールが見えなかったのは初めてだし、とにかく球が衝撃でした」

東農大を経てドラフト9位でヤクルトに入団。3年間で1軍のマウンドにはたどり着けなかったが、監督・古田敦也の秘書を経て、現在はスポーツ用品メーカー「ゼット」で働く。野球教室の手伝いもする小森には夢がある。「横浜スタジアムで横浜OBと、その他の敗れた仲間で野球をやりたい。その中心には松坂がいて、子どもたちを招待して夢を与えたいんです」

夏の東神奈川大会決勝。桐光学園の捕手で主将・江口竜太にとって、投手松坂よりも、打者松坂が強烈に印象に残っているという。「投げる球がなかった。彼のオーラがそうさせたんじゃないかな」。桐光が初めて挑んだ決勝で、松坂にはバックスクリーン左へ先制アーチを描かれた。今でもあの決勝戦をシミュレーションすることもあるが、「勝つ方法が見つからない。でも、スーパースターに負けたから後悔もない」。

現在は相模原市役所に勤務する江口は、右腕に最後まで戦い抜いてほしいと願っている。

「きれいに辞めるなんて思わないでほしい。あがいて、あがいて、最後にもうひと踏ん張りする辞め方が格好いい。そうやってプロ野球界を変える存在になってほしい」

（文・小林　剛）

松坂から一矢報いる

松井裕樹（楽天）を輩出して全国区になった桐光学園も、1998年当時はまだ県内の中堅チームだった。

初めて進んだ夏の決勝で、松坂を擁する横浜と激突。主将江口は大差をつけられながらも、「この横浜スタジアムでいい戦いをすれば、来年以降にポテンシャルを持った中学生が来てくれるかもしれない」と信じていた。無失点で勝ち上がっていた松坂から一矢を報いる3点を奪い、当時の本紙も「見事な戦う姿勢」とたたえた。

その年の春、選抜大会で甲子園に足を運び、松坂らが躍動する姿を目に焼き付けていた桐光ナイン。江口は監督の野呂雅之と並んで観戦したという。「監督が本当にうれしそうで。何としても甲子園に連れて行きたいと思いました」

あと1勝に迫った決勝は3―14の完敗。初の甲子園は逃したが、閉会式の後、ナインは野呂と部長の塩脇政治を胴上げしたという。「近いうちに甲子園に出られると確信してました。自分たちはもうできないから、そこでしちゃおうって」

桐光は3年後の2001年、選抜大会で初めて甲子園の土を踏み、翌02年夏には神奈川を制して夏の聖地に出場した。

江口竜太 捕手。桐光学園―東京経済大。相模原市役所勤務

ゲームも勝つまで続けた

松坂のチームメートで、三塁コーチャーや伝令係として横浜の春夏連覇を支えた鳥海健次郎には、忘れられないシーンがある。

1997年9月7日、新チームを結成してすぐの秋季大会2回戦、藤嶺藤沢戦。七回に同点とされる嫌な展開で、八回1死満塁では打者が簡単にポップフライを打ち上げた。万事休すと思われた矢先、相手の二塁手が落球して勝ち越し。歴史に残る44連勝の4勝目が辛くも刻まれた。

試合後、失策を犯した藤嶺の選手が「俺のせいだ」と大泣きしていた。「全員が一球の怖さや、これが最後なんだということを痛感した」。高2の夏、準決勝の横浜商（Y校）戦で松坂が暴投して敗れた試合も有名だが、その秋の一戦も一つの分岐点となったという。

日産自動車に勤務する鳥海は松坂のプロ入り後は年間10試合近く観戦し、大リー

鳥海健次郎　横浜高－関東学院大－日産自動車。日産野球部でマネジャーを務め、現在は日産本社の生産事業本部に勤務。東京都出身、37歳。

グ1年目は3度も渡米。交流を続けてきた右腕は「とにかく負けず嫌い。高校時代も同期の家で集まってゲームをすると勝つまで続けたし、負けるとだんだん無口になって怖かった」と懐かしむ。

ただ、「あの松坂の元チームメート」という重圧に苦しみ、体調を崩した時期もあった。「自分がすごいわけじゃないのに注目された。飲み会でも、いつも野球の話。自慢話にならないように気を使うし、歯がゆさを感じたこともあった」

あの夏から20年。あなたにとって松坂とは―。

「5年ぐらいはひきずったけど、今は自分の支えとなっている。仲間であり、大好きな選手。200勝を目指してほしい」

「松坂世代」まだ終わらせない

1998年に横浜が成し遂げた甲子園春夏連覇の輝きは、20年がたった今でもまったく色あせない。横浜DeNAベイスターズの後藤武敏と小池正晃が、松坂大輔と過ごした青春時代を語り合った。

―やっぱり松坂は特別な存在ですか。

小池　たまたま、松坂がいたという話。大輔がいて、チームが勝てたけど、大輔一人で勝ったわけじゃない。あの時の仲間で勝てた。

後藤　特別な感覚はない。いて当たり前の存在だから。新聞やニュースを見て、やっぱすげえんだなという感覚だった。

松坂との思い出を語り、笑顔を見せる小池（左）と後藤

――2年秋から始まった連勝は翌年秋の国体で優勝する「44」まで続いた。2年夏の準決勝で横浜商(Y校)に敗れたことがきっかけだった。

小池　あの大会も勝てると言われていたし、渡辺監督からは『おまえたち2年生のせいで負けた。だらしない』と言われた。全国に行くのは難しい。あの試合が全ての始まりになってくる。

後藤　(サヨナラ暴投した)松坂の意識が変わって制球を磨いていたし、こっちも引っ張られるように練習した。練習試合は勝っても負けても「なってない」と監督に難癖をつけられたよな。

小池　そうそう。大輔がいるから勝ったと言われたし、大輔も打たせたところが悪いとか、お互いにけなされていた。

――その結果が春夏の甲子園の連覇につながる。

後藤　選抜で優勝しても監督が『高い山に登るためには下山しないといけない』といったようなことをミーティングで言ってくれるから誰も天狗にならなかった。

――3年夏の東神奈川大会は緊張したのでは。

小池　いや、ラストスパートの夏は楽しかった。俺たちは甲子園が目的だから、県大会期間は必死こいて練習して、練習後にみんなで学校のプールに入るのが楽しかった。甲子園からが本当のプレッシャーとの闘い。

――ベストゲームは。

後藤　（0―6から追い上げ逆転サヨナラ勝ちした）甲子園での準決勝、明徳義塾戦かな。最後は本塁でゴジ（小池）が泣いてたの。自分はサヨナラ勝ちって、分かってなくて。ゴジがむせていたから今でも覚えている。なかなか涙を見たことがなかったから。

―松坂への思いが次のステージにつながる。

小池　次の舞台（プロ）で大輔と試合をして打ちたいと思った。村田（修一、東福岡―横浜―巨人）ら全国で有名な選手は一度は大輔と真剣勝負をしている。その土俵に早く立ちたかった。

後藤　松坂というナンバーワンを見ていたから、大学で相手がいい投手だと思っても、松坂以下と思えば、余裕をもって打席に入れた。その経験は大きかった。

―当時のフィーバーはすごかった。

小池　練習場も女子高校生に囲まれていたし、まるでコンサート会場。選抜を優勝した後は、いつも見られている意識を持つようになった。

後藤　横浜駅を降りた瞬間に女子高校生が寄ってきて、人だかりができるような。普通に考えたら天狗になってもおかしくない。

―そんな高校時代をもう一度過ごしたい？

後藤　やりたいけど、練習はしたくない。学校生活はほとんどなくて、野球をやって寮に帰って、夜間練習して、掃除して、飯食って、その繰り返し。だけど、充実していたし楽しかった。

小池　プロとは違う重圧、楽しみ方をもう一度味わいたい。甲子園の歓声もすごかったし、お客さんが『横高は、どういう勝ち方をするんだろう』といつも期待して見てくれていた。

——松坂世代のプライドは。

後藤　もちろんある。誰が聞いても分かる、すごく影響力がある言葉。野球を知らない一般人でも「同級生」となる。

小池　誇りは持っていたし、同級生には負けたくないと思っていた。

——松坂世代がプロ野球界から減っている。

後藤　ここ2、3年で一気にいなくなって寂しさを感じる。まだまだ松坂世代を終わらせない気持ちでやらないといけない。

小池　年を取れば力が衰えるのは確実。ごっちゃん（後藤）を含めて同級生には、長く続けてもらいたい。

——中日に入団が決まった松坂にエールを。

後藤　高3夏の甲子園のシート打撃以来対戦していないが、また対戦できるとずっと思っていた。僕も頑張ってその舞台に上がらないといけない。モチベーションとしては最高のもの。もう一度勝負したい。

小池　やれるだけ、プレーを続けてほしい。

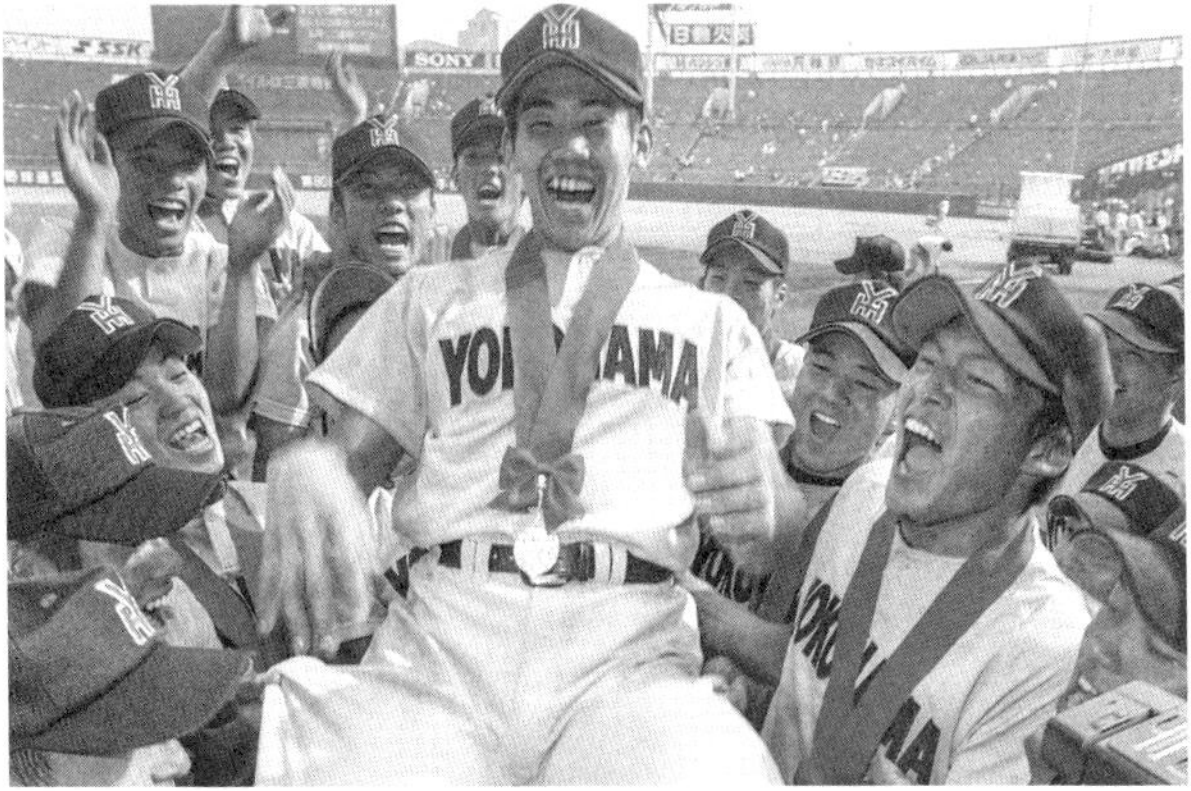

優勝投手となった松坂を胴上げする小池（右端）や後藤（右から2人目）ら横浜ナイン＝1998年8月22日、甲子園

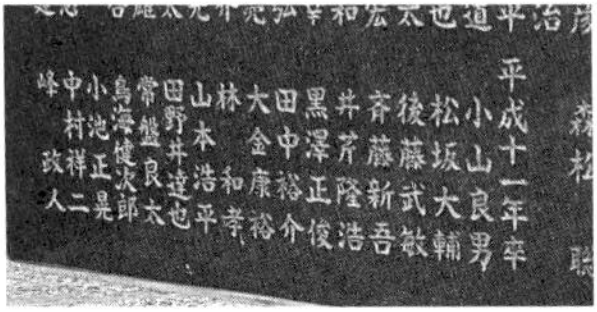

98年の松坂世代は、横浜の中でも歴代最強と言われる。松坂、小池、後藤、小山とプロに4人も輩出するなど、個性の強いメンバーの名前が、横浜のグラウンドに設置された石碑に刻まれている

ごとう・たけとし　内野手。浜松シニア―横浜高―法大―西武―横浜DeNA。高校時代は打線の中軸として活躍。飾らない人柄で高校時代から仲間の信頼も厚く、今季も20年ぶりのリーグ制覇を狙うベイスターズの「代打の切り札」の役割を担う。静岡県出身、37歳。

こいけ・まさあき　外野手。中本牧シニア―横浜高―横浜―中日―横浜DeNA。高校時代は1番打者で牽引。ベイスターズでは2005年に20本塁打、37犠打。中日では2度のリーグ制覇に貢献。現在はベイスターズ2軍打撃コーチ。横浜市出身、37歳。

「マツ」にようやく会えた

やっと会えた――。「マツ」は、優しい笑顔を浮かべていた。

長い道のりだった。2017年春に運動部の「K100」企画がスタートし、「松坂世代」の自分は真っ先に松坂さん担当に名乗りを挙げた。「マツ」の原稿でスーパースター編の大トリを飾ることは譲れなかった。

2017年6月の交流戦。当時所属していたソフトバンクの広報に相談をすると、「じゃあ、シーズンオフにもう一度連絡を下さい」と、感触の良い返事をもらっていた。

同年秋、ベイスターズとソフトバンクが戦った日本シリーズの最中にも、「いよいよお願いします。こちらはいつでもOKです」と再確認していた矢先だった。

「松坂大輔、退団へ」――。

ニュースは大々的に報じられた。取材予定はご破算となり、慌てて所属事務所をはじめ恩師渡辺元智さんや、旧友の小池正晃さんにも橋渡しを頼んだが、移籍先も決まらない中では難航した。

記者コラム

今回の連載で初めて本人が登場しないパターンなのか―。迫り来る原稿の締め切り日。上司からも重圧をかけられていた。

「松坂、中日が入団テストへ」。

困り果てていた36歳の記者を、野球の神様は見捨てなかった。すぐ名古屋に向かった。ようやく会えた「マツ」に吉報が届いた。

「先を見る余裕はないし、一年一年が最後の気持ちでやっていくことになると思います」

優しい顔の「マツ」が発する言葉の端々に熱がこもった。再び横浜スタジアムでピッチングをする日が来ることを切に願っている。

まつざか・だいすけ　江戸川南シニア―横浜高―西武―レッドソックス―メッツ―ソフトバンク―中日。1998年に夏の甲子園決勝でノーヒットノーランを達成し、史上5校目の春夏連覇。99年に西武に入団し、同年に最多勝で新人王獲得。2001年に沢村賞。米大リーグ・レッドソックスに移籍した07年には15勝を挙げ、ワールドシリーズ制覇。通算成績は大リーグで158試合、56勝43敗1セーブ、日本では205試合で108勝60敗1セーブ。東京都出身。37歳。

アーカイブズ編 Ⅱ

「見送り」にも時代の流れ

今回のテーマは「見送り」だ。

終戦からまだ15年ほどという1960年前後。駅前の壮行会から見送りの人が押し寄せたホームでは、のぼりに勇ましい限りの字が躍る。

郷土の誇り　法政二。

征《ゆ》け横高健児。

あふれる人波から列車の窓を叩くように小旗が振られる。主将は「死力を尽くして戦って参ります」と宣言。出征を彷彿させる大仰さだ。

64年には東海道新幹線が開通したが、その後もしばらくは横浜駅で壮行会を行い、東京駅から新幹線に乗っていた。

東名高速が全線開通した69年、初めて甲子園出場を果たした東海大相模は新幹線の切符がとれず、相模原からバスで甲子園

横浜駅東口で激励を受ける法政二。ブラスバンドは、優勝旗の箱根越えを願って「箱根山」を演奏、この年から5年連続の甲子園出場で黄金時代を迎えた。市電が走る国道1号の奥は、現在のスカイビル付近＝1957年8月9日

へと向かった。

田んぼばかりだった駅周辺が造成され始めた71年、桐蔭学園が初めて新横浜駅を壮行会の舞台に選んだ。73年春、横浜の壮行会は、道行く人が何事かと足を止める盛大さで、まだ「一大イベント」の様相が強い。壮行が駅ビル内で静かに終わる近年は、選手たちにも「ちょっと行ってきます」くらいの軽やかさがある。

服装も変わった。古い写真に丸刈り頭が少ないと思ったら、70年代までは制帽をかぶっていたのだ。最近では制服よりポロシャツの方が高校野球らしくなってきた。

時代を追っていくと、ブラスバンドや万歳三唱に代わって、家族との記念撮影を収めたコマが多くなっていく。甲子園という言葉が帯びるニュアンスが、「戦い」から「スポーツ」へと転じてきたようにも思える。

残された写真はいつも盛り上がりが絶頂の場面で終わる。見送りに立ち会ってきた先輩記者は、主役が去った後、見送る側の所在ない感じも、「ちょっと切なくて好きだ」と振り返る。

（文・神奈川新聞アーカイブズ　平松晃一）

エース・柴田勲ら法政二ナインを乗せた急行「なにわ」が横浜駅を出発。大阪までは約8時間、まさに“遠征”だった＝1960年8月7日

K100 Archives

横浜駅ホームに整列する初出場の横浜。大阪に着いた笹尾監督は「汽車の中も愉快にやってきたし、疲れはほとんど感じない」とすぐに練習のグラウンドへ＝1963年8月5日

東海大相模は、東名高速で西へ。初出場とあって700人以上が見送りに駆けつけた。翌年は小田原駅から新幹線で出発＝1969年8月5日

1964年から4回出場し一時代を築いた武相は、横浜駅西口の高島屋前で壮行会。この後、東京駅から新幹線「こだま」で大阪へ向かった＝1968年8月5日

本県で初めて新横浜駅から出発した桐蔭学園は、当時の本紙によると「新興校で地元に商店街がないため見送りは少なかった」が、同学園の小学生から花束が贈られ温かく送り出された＝1971年8月2日

センバツ初出場の横浜は、新横浜駅前での壮行会後、甲子園初陣となる渡辺監督を先頭に乗り込む＝1973年3月23日

K100 Archives

藤沢駅前で待ち構えた地元のファン数百人から激励される藤沢商ナイン。江島神社のお守りと、49年に全国制覇した湘南からマスコットバットが贈られた。同駅南口は、写真右の志澤（その後の西武）をはじめ、江ノ電百貨店（現在の小田急百貨店）などが建設中、再開発が進んでいた＝1973年8月3日

日本大通り（横浜市中区）にずらり並んだ貸し切りバス26台。46年ぶりに夏の甲子園出場を果たした横浜商（Y校）の戦いを見届けようと、大応援団の出発＝1979年8月17日

46年前は東京駅から出発した慶応も、今回は新横浜駅から。列車を待つ間、リラックスした表情を見せる＝2008年7月30日

10年ぶり出場の横浜商大ナインは、見送る側も見送られる側も明るい笑顔で「行ってきます」＝2003年8月2日

K100　神奈川高校野球
現役ヒーロー編

今夏100回目の記念大会を迎える夏の甲子園に向け、日本人が高校野球に魅せられる理由を探っていく連載「K100 神奈川高校野球」。現役ヒーロー編では神奈川から巣立ち、プロ野球の第一線で活躍するスターたちに問い掛ける。今、高校野球に思うことは何ですか?

横浜

筒香 嘉智

ふがいなさに涙

かつて、ハマが誇る希代のスラッガーが、こみ上げる感情に大きな体を支配されたかのように敗れ去った試合があった。2009年7月26日。神奈川大会準々決勝。筒香嘉智にとって、高校最後となった試合だ。

名門横浜と初の甲子園を目指す横浜隼人がぶつかり合った乱打戦。横浜が4点を追っていた八回2死一、二塁の好機で、3番筒香に打席が回った。

初球―。高校通算69本塁打の強打者は意表を突かれた。隼人の捕手が立ち上がって外に大きく外したのだ。次の球も、その次も…。「敬遠なんて全く頭になかった。あれってなった。普通に考えたら、勝負しないわけがない」。今でも納得していない、と言わんばかりに振り返った。

敬遠―。外野は右中間寄りの「筒香シフト」を敷いた上で、勝負を避けられた。投手、隼人ベンチに目をやり、何かを口走った。「相手が何か言ってきて、こっちは言い返して…」。冷静さは失われた。

驚異の粘りで4点差を追い付いた九回1死二、三塁。一塁は空き、初球は捕手が外のボールゾーンに構えた。「また歩かされる」―。

しかし、またしても裏をかかれた。隼人

2009年7月26日、横浜スタジアム

(上) 高校3年夏の神奈川大会準々決勝。4点を追う八回2死一、二塁。横浜隼人・水谷監督の敬遠のサインに捕手船木（右端）がボールゾーンに構える （下）敬遠策に気付いた横浜・筒香がマウンドの今岡を睨みつける

横浜高の主砲筒香嘉智は、一度も会心の当たりを飛ばすことなく、準々決勝で敗れ去った

高校3年夏の最後の試合。敗戦後、勝った横浜隼人ナインを激励する筒香(左)。重圧から解放されたスラッガーはこの日初めて柔らかな笑みを浮かべた

の今岡一平（現東芝）が投じたのは外角低めのチェンジアップ。思わず出たバットは空を切る。

当時監督の渡辺元智の脳裏に、もがく大砲の姿が焼き付いていた。「珍しく打席でイライラしていた。あれでむきになって振っていた」。最後は内角のボール気味の直球を強引に引っ掛け、一ゴロ。延長十回の守備では自らの失策で出塁を許した走者が、サヨナラのホームを踏んだ。

「みんなに申し訳ない…」。流した涙は甲子園に届かなかった悔しさではなく、自分へのふがいなさからだった。

「甲子園を目指さないとチーム全体がおかしくなる。でも、自分にとっては甲子園

が全てじゃなかった」。17歳の主将筒香嘉智はその先の世界を見据えていたが、思うように振る舞えないこともあった。「高校の時は背負うものなんて何もなかった。うまくいかなければイライラしたり、打てればただ喜んだり…」

17歳の胸に刻まれた思い

そんな中で渡辺の教えが羅針盤となった。「甲子園に出たから、何かが変わるわけじゃない。それよりもその先にもっと大事なものがあるんだ」

最後の試合を終えた筒香は当時、高校野球をこの言葉で締めくくった。「ホームランだけではない、チームの勝利に貢献できる打者になる」。あの夏、17歳の胸に刻まれた思いだ。

筒香が、高校時代に目指した甲子園で、再び闘志をのぞかせたのが2017年秋だった。阪神と相まみえたクライマックスシリーズ（CS）ファーストステージ第2戦。試合前からの強い雨にグラウンド全体はぬかるみ、泥まみれとなった試合だ。

同点の五回2死一塁。右腕石崎の2球目、147キロの直球が顔面近くを襲った。のけぞって避けると、泥に足を取られて転倒。ユニホームを泥だらけにしながら、ゆっくりと立ち上がった。

チームメートや首脳陣が証言する。「怒りで体が震えていた」。8年前の夏を彷彿させた場面―。自身はしかし、これを否定する。「あの感情は高校の時とは全く違う。表向きの、浅い部分の感情とは全く違う。だからおままごとじゃないと表現した。比べるに値しないですね」

立ち上がり、自らを鎮めるように、ゆったりとした足取りでベンチに引き揚げ、時間をかけてじっくりと顔、左腕、バットの泥をタオルで拭った。「プロなので。相手もこっちも生活を懸けてお互いに大事なチームを背負って戦っている」

「日本の4番」に成長を遂げた筒香は結果でチームを牽引した。高校最後の試合で4打数ノーヒットに終わった男は、2017年の公式戦で初めての1試合4安打をマーク。主将に乗せられたチームはCS史上最多の21安打を放ち、4時間35分の激闘を制した。

闘争心をむき出しにしてチームを鼓舞するタイプもいれば、背中で引っ張るタイプもいる。「どう引っ張っていくか、いろいろ思う部分はある。今は無意識に感情をコントロールできている。人としても成長して、野球でも成長したい。いろんな勉強をしていく中で、こうなったんです」

高校野球で終わりじゃない

「甲子園に出ても駄目になっていったやつはいっぱいいるよ。人として、社会で通用する人間にならないといけないぞ」。高校時代の恩師、渡辺元智から繰り返し聞かされた金言は、今でも筒香嘉智の胸に刻まれている。

ベイスターズ、そして日本の主砲、球界のトップスターとなった男が今、熱心に取り組むのが、アマチュア野球界の改革に向けた提言だ。

高校野球の魅力は何ですか──。連載「K100」を通じて取材対象全員に尋ねている共通質問に、筒香は「魅力うんぬんではなく、変わらなければいけないところはある」と即答した。

「高校野球のシステムを変えないと日本の野球界はよくならない。野球界だけですからね。こんなにぐちゃぐちゃしているのは」

筒香が「ぐちゃぐちゃ」と指摘するのは、いまだに残るプロとアマの垣根に象徴される日本球界のシステムそのものだ。

2017年、中学時代に所属した堺ビッグボーイズ（大阪）の小学生チームでスーパーバイザーに就任した。野球を始める子どもが減っている現状に触れ、「このままだとまずい」と未来に危機感を抱いてきた。

きっかけは、2015年オフに参加したドミニカ共和国のウインターリーグだった。同国で接したベースボールに衝撃を受けた。何より、指導者が子どもたちに積極的に失敗させ、選手の才能を花開かせていることに心を動かされた。翻って我が国はどうだろうか。

「じゃあ（高校野球で）勝って満足しているのは誰か。目先の結果だけ考えた練習メニューを組むのではなく、子どものために何ができるか考えないといけない」

甲子園を神格化し、その頂点に立つことを絶対視する勝利至上主義。その対極にあるのが、答えを与えすぎず、子どもに能動的に考えさせる指導法ではないか―。

トーナメントが主流のアマ野球界にリーグ戦を導入して試合数を増やし、選手の出場機会を確保できないか。球数制限を導入し、未来ある子どもをけがから守れないか。飛び過ぎる金属バットを使用禁止に…。

全ては野球人口の減少を食い止めるため、子どもたちの可能性を花開かせるための提言だ。「将来のプロ野球選手、メジャーリーガーを出すために練習をしているかというと、日本はだいぶ遅れていると感じる。これではスーパースターがなかなか出てこない」

筒香はこうした動きが、プロ野球界全体に広がることを望んでいる。「現役選手が動くのが一番。そこに大きく変われるチャンスがある。ただ、危機感が広がっている感じはまだあまりないですね」

球界のトップスターという立場で、改革案をぶち上げるのはリスクを覚悟の上だ。

「人間は前例のないことを嫌う。僕も初めてドミニカのウインターリーグに行った時、いろんな人に反対された」。刺激を求めて異国へと飛び込んだ経験が、一歩を踏み出す勇気を与えてくれたという。

「あれだけ反対される中で行ったけど、周りの声におびえる必要はない。本当に必要なこと、大切なことはどんどんチャレンジしたい。野球に育ててもらっているから。

高校2年夏の全国選手権大会。聖光学院（福島）との準々決勝で2本塁打をマーク。1試合個人最多タイの8打点を荒稼ぎし、記録は今なお破られていない＝2008年8月16日、甲子園

①高校1年秋の県大会4回戦、桐光学園戦で3回に先制3ランを放ち、本紙紙面で写真として初登場した②3年夏の神奈川大会前。熱のこもった練習でバットの先まで感覚を研ぎ澄ます③高校3年秋のドラフト会議前日。リラックスした表情を見せる④ドラフト会議でベイスターズに1位指名を受け、チームメートに胴上げされる

野球に恩返しがしたいんです」

自らが恵まれた環境で成長できたことを感謝するスラッガーは、現役球児たちに、伝えたいことがあるという。

「環境は自分で変えられないし、環境のせいにする人は成長が止まる。どの環境でも頑張れる人は必ずどこに行っても成長できる。自分が今何をできるのか考え、その先を読んでほしい。高校野球で終わりじゃない。社会に出た時、一人の人間として立派な人間になるようにやることが大事」

教え子の未来を思い、その才能を花開かせてくれた恩師の情熱が、そのハートに宿っている。


（文・清水　嘉寛）

甲子園に刻んだ「記録」と「記憶」

「別に甲子園にめちゃくちゃ行きたいと思わなかったし、甲子園が全てじゃなかった」

そう振り返る高校時代だが、筒香は強烈な「記録」と「記憶」を甲子園に刻んでいる。

記者コラム

初出場は2年春の選抜大会。初戦2回戦で北大津（滋賀）に2―6で敗退を喫し、自身も4打数1安打だった。一躍脚光を浴びたのはその夏だ。

「7番・一塁」でスタメン出場した初戦の浦和学院（埼玉）戦。二回の大会初打席で2球目のカーブを捉え、右翼ポール際に弾丸ライナーを突き刺した。桁外れの打球の速さに、行方を見届けた相手投手も思わず笑ってしまったほどだった。

2回戦から4番に座った大砲は、準々決勝の聖光学院（福島戦）で内角攻めを苦にせず2ラン、満塁弾の2打席連続ホームラン。史上2人目となる1試合8打点は今も大会タイ記録だ。

相手の警戒心をあおり、浅村栄斗（現西武）擁する大阪桐蔭と相まみえた準決勝では2四球。4点を追う八回無死一塁にようやく中前打を放ったが、後が続かない。「筒香が打てば全国でも勝てるチームになる」。大会前の監督・渡辺元智の予言通りとなった。憧れの松坂らが春夏連覇した1998年以来となる夏の決勝を目前で逃した。

生まれ変わったら野球やらない

―高校時代は渡辺監督と小倉部長の２人から、徹底的に「イズム」を注がれたのでは。

当時は分からなかったですけど、今振り返ってみるとすごくバランスが取れていました。小倉さんは野球のことを教えてくださって、渡辺監督は野球にプラスして、人として、心の部分が多かった。とても贅沢な時間だった。他の高校にはない指導をしていただけたことはすごく光栄なこと。

―印象に残ることは。

毎日のように渡辺監督と小倉部長のそれぞれのミーティングがあった。何度も開かれるんですけど同じ内容はほとんどなくて、全部が一つにつながっていくんです。後々になって「こういう意味だったのか」と気付かされて。それが全てつながって、

日本球界の顔に成長を遂げた筒香。高校時代と同様に、ベイスターズでもキャプテンを務める

今の自分がありますね。

――高校3年間、やり残したことや後悔は。

全くないですね。当時はがむしゃら、一生懸命だったし、目の前のことから逃げることもしなかった。後々になって「あの時にこうしたらよかった」っていうのはいくらでも思いつくかもしれないけど、当時はそれが分からないんで。それでいいんじゃないですかね。

――もし生まれ変わっても、横浜高校野球部をまた選びますか。

うーん…。そもそも野球をやらないですね。何をやっているかな…。分からないですけど、全く別のことをやっているでしょうね。

つつごう・よしとも　和歌山・隅田中（堺ビッグボーイズ）―横浜高―横浜（現横浜DeNA）。高校2年の春夏に甲子園に出場し、夏は3本塁打。小、中学校時代は右打ち、高校ではスイッチヒッター。プロ入り後は左打ちに専念したが、現在も調整の一環で右打ちでロングティーをこなし、柵越えを連発。高校通算69本塁打は横浜高歴代最多。2016年シーズンに44本塁打、110打点でセ・リーグ2冠。17年には日本代表「侍ジャパン」でも4番を務めた。和歌山県橋本市出身。26歳。

東海大相模

菅野 智之

宿命と夢想と、現実と

それはもう「何とも冴えない試合」としか、言いようがなかった。

２００６年7月22日。2年夏の神奈川大会、4回戦だ。今や球界のエースと称される東海大相模の菅野智之は、慶応藤沢を相手に先発し、5回を8安打3失点で降板した。11―3の七回コールドと結果的に大勝したが、当人が納得するわけがなかった。

翌朝、愕然とする。スポーツ新聞各紙を自分が飾っているのだ。派手な見出しが躍っていた。

巨人・原監督の誕生日に、甥っ子が勝利をプレゼント―。

22日は、叔父のバースデーだった。

「全然良いピッチングでも何でもないのに、それでしたからね。うわあ、とんでもないと恐ろしくなりました。改めて、本当に原辰徳という存在はすごいんだなと思いましたね」

菅野は高校時代の一番悔しい思い出として、この一戦を挙げる。全てを差し置いて「原の甥というキャラクター」が優先される現実に、16歳の少年は傷ついた。

もとより、覚悟していたことではあった。福岡・三池工を甲子園初出場初優勝させ

高校2年夏、慶応藤沢との4回戦で3失点を喫して先輩捕手の鈴木宏治に声を掛けられ、苦笑する菅野。この日は叔父の原辰徳の誕生日だった＝2006年7月22日、平塚球場

た実績を買われて東海大相模に移り、注文通りに同校を日本一に導いて全国区に押し上げた原貢の孫。

貢の長男として父が率いる強豪の門をくぐり、父子鷹で4度甲子園に出場し、巨人の監督となった原辰徳の甥。

「野球を始めたときから東海大相模の存在は知っていましたし、いつかは僕もあのユニホームを着るんだろうなと思っていました」

原家三代記そのものとも言える東海大相模野球部。辰徳が1年の時から続いた4連覇（1974―77年）を最後に、夏の甲子園から遠ざかっていた。

サラブレッドが、30年ぶりに扉を開ける―。

菅野が背負う宿命、そして周囲が膨らませる期待は、そんなできすぎた夢想に集約された。

背番号15で挑んだ2年夏は、準々決勝の桐光学園戦で7回3失点と好投したが、以降は1イニングのみ。チームも決勝で横浜に敗れた。悲願はいよいよ新エースに託された。

続く秋も順調に勝ち進み、準決勝。あと1勝で、選抜甲子園が懸かる関東大会という大一番で夏に続き桐光と対した。

打ち込まれた。三回までに6点を失う大乱調で敗れた。すでに最速145キロ近くを投げていた右腕は、いつもどこか頼りなげだった。

「自分に自信がなかったですからね。こういうことを言うと批判的になるから嫌なんですけど、褒めてくれる人がいなかったですから。萎縮していた。もちろん現状に満足するなんてことは絶対にない。でも、自分のことを過小評価していた選手はほかにもいた」

当時のメンバーには、田中広輔（広島）や大田泰示（日本ハム）らが名を連ねていたのに──だ。

祖父・貢は折を見て高校に教えに来てくれた。貢を「おやじ」と慕う監督の門馬敬治は「ある意味では自分も同じ運命を背負う者」と言って、目を掛けてくれた。原家三代目としての重圧に一緒に向き合ってくれた恩師への感謝は尽きない。

ただ、30年間も夏の甲子園から遠ざかるという現実が重すぎたからこそ、指揮官も選手たちにこう言わざるを得なかった。

2年春の県大会4回戦、橘との一戦で登板する菅野。神奈川新聞に残る最も古い菅野の写真だ

まだまだだ。もっとできる。それじゃ神奈川は勝てないぞ。

2007年。高校最後の夏を前にした記者のインタビューに、菅野は「いろんなものを背負うのは重いけど、もう慣れました」と笑ったものだ。そして、30年ぶりの甲子園よりも、3年を過ごした仲間と優勝したい―と繰り返した。

「30年間、ずっと相模にいれば、30年の重みを感じたかも知れませんけど、僕らは3年間しかいませんから」。菅野は今、当時をそう振り返りながら、こう言った。

「そんな思いとは別に、僕は別のものとも戦っていたということです」

そして迎えた神奈川大会は、運命に導か

れるようだった。横浜と対した準決勝では、自らの「振り逃げ3ラン」が結果的に決勝点になった。永遠の宿敵を夏に下すのは、叔父の辰徳がいた75年以来のことだった。

悲願まであと1勝と迫った決勝は、桐光との壮絶なシーソーゲームとなった。その試合、主役たる菅野は、マウンドでひたすらこう思い続けていたという。

もう何でもいいから、早く終わってくれ――。

やりたいが、もうできない

ただ号泣する仲間の横で、菅野は、「一ミリも泣かなかった」。胸中の大半を占めたのは、安堵の思いだった。

「これで明日から、練習しなくてすむんだ」

2007年7月29日、神奈川大会決勝。30年ぶりとなる夏制覇を目前としていた。桐光学園との一戦は、神奈川の球史に残るシーソーゲームとなった。

東海大相模は2年生の大田泰示（日本ハム）が先制2ランを放つと、逆転された三回裏にすぐさま再逆転。六回には2点を加え、8―5とリードした。

だがその六回のワンプレーが流れを変えた。田中広輔（広島）が、中越えの当たりで一気に本塁へ。やや遅れて突っ込んだ田中のスパイクが、桐光の捕手・奥野智也の太ももに突き刺さった。

ユニホームが破れ、流血する。これに燃え上がった桐光は直後の七回に3点を追いつく。九回には負傷退場の2年生捕手に代わった3年の山野周が決勝打を放ち、10−8のドラマを完成させた。

3年夏、桐光との決勝で九回に勝ち越し打を打たれうなだれる

結局、菅野は169球で投げ抜き、13安打を許し、10点を失った。

あの夏から、10年あまり。「こんなこと言うと怒られるけど」と前置きして、当時の心境をこう吐露した。

「正直、早く終わってほしいと思っていた。こんなに苦しいのは、早く終わってくれと。死ぬと思いましたもん。それくらい追い詰められていた。涙なんか出てこない。あのクロスプレーで治療やっている時も、もうどうでもいいから早くしてくれよって、それだけ考えていました」

準々決勝以降、ほぼ1人でマウンドを守った。前日の準決勝も168球を投げていた。

「無理っすよ。投げられない。あんなに。

球数もそうだし、ほとんど僕しか投げていない。神奈川の夏は最低2人いないとだめだし、選手生命をつぶすことになる。最近の甲子園で相模が優勝した時も、エース級が2人いた。やっぱりそうやっていかないと」

もう1人、一線級の投手がいたら―。あの夏。悔やみきれない大きな「たら、れば」は、もう一つあった。

準決勝は、横浜戦。因縁の対決の勝敗を分けたのが、菅野の「振り逃げ3ラン」だった。四回に3点を先制し、なお2死一、三塁。カウント2―2から、菅野はワンバウンドした変化球に、振りかけたバットが止まらなかった。

「自分の中ではハーフスイングを取られたんで、『振ってねえよ』と思って、そのまま立っていた。完璧な空振りなら、キャッチャーがファーストにボールを投げますもん。タッチもされなかったですからね」

横浜ナインは三振でチェンジと思い込み、ベンチへ引き上げていく。ここで、門馬敬治監督の声が響いた。

「走れ！　走れ！」

当該のプレーを野球規則はこう規定していた。

走者が一塁にいても二死のとき、捕手が第三ストライクと宣告された投球をとらえられなかった場合、第三ストライクと宣告されただけで、まだアウトになっていない打者が、気づかずに一塁に向かおうとしなかった場合、その打者は「ホームプレートを囲む土の部分」を出たらただちにアウトが宣告される。

つまり、守備側につられて菅野がベンチに戻ろうと「プレートを囲む土の部分」を出ていたら、それで終わりだった。無人となったダイヤモンドで、3者が生還した。最終スコアは6―4。大きな3点だった。

伝説の場面を、当人は大げさに捉えていない。

「後味はよくなかったですね。あの3点がなかったら負けていたとか言われていましたからね。それより僕は、横浜に打たれたという記憶がない。エラーが四つもあって、それが失点に結びついた。横浜を抑えたと、自信持って言えますすね」

夏に横浜を下すのは、1975年以来だった。「夏に勝てない相模」の歴史は、いよいよ塗り替えられるはずだった。

その思いこそが、落とし穴だった。

「決勝の桐光がノーマークになっていた。秋に桐光に負けていたというのが、ぼやけていた感じがありますね。決勝だ、桐光だ、よし勝てる、甲子園だ、というのが正直ありました。横浜戦が、決勝だったらよかった」

後の沢村賞投手の高校野球は、こうして終わった。原家と東海大相模の歴史を背負った右腕は、生まれ変わったらまたタテジマに袖を通すかという問いに、こう答えた。

「やりたいとは思う。でも、もうできない」

（文・佐藤　将人）

（左上）振り逃げ3ランでホームインし、まだ半信半疑の菅野。後ろではチェンジと確信している横浜ナインがすでにミーティングをしている　（中）高校野球では本来、監督からの審判への抗議は認められないが、この時ばかりは横浜の渡辺元智監督も声を荒らげた（下）前代未聞の事態に審判団も混乱し、双方の監督に説明に向かった。中央右が門馬監督、後ろには菅野がいる

自らの振り逃げ3ランと完投勝利で横浜を下し、両腕を上げて喜ぶ菅野
　＝2007年7月28日、横浜スタジアム

子どもには野球やらせたくない

菅野に会うのは10年ぶりだった。サガミのグラウンドでいつも泥だらけだった球児が、都内の高級ホテルの小洒落たレストランが似合う紳士に成長していた。

「高校時代に『原辰徳の甥』じゃなくて、『サガミの菅野』として書いてくれたのは、神奈川新聞だけでしたよ」

原家の話題になったとき、そう言ってくれた。本紙も、そのことに触れなかったわけではない。ただ当人は常に「今の自分」を大事にしていた。30年も甲子園から遠ざかるタテジマの歴史より、今の仲間との3年間。原貢・辰徳親子の系譜よりも、一人の高校生としての自分。記者としては、その思いを、素直になぞっていただけだ。

叔父は高校1年にして湧き起こった「辰徳フィーバー」を受け入れ、その後は自らの力に変えていった。菅野も高校時代に「とんでもない存在」と畏れた叔父が率いていた巨人、いや日本を代表するエースとなった。その宿命を乗り越えていった自信が、言葉に力を与えているように思う。

記者コラム

聞いてみた。もし子どもができたら、サガミに入れますか？

「いや、そもそも野球をやらせない。とてもじゃないけど、やらせたくない」

確かに原貢のひ孫で辰徳の大甥で菅野の息子、なんていうのはちょっと重すぎる。

ヒーローインタビュー

収益が目的じゃない

―神奈川の高校野球で育った経験で今も生きているものは。

寮生活ですかね。あのつらさ。上下関係とか、洗濯だとか、なかなか特異な文化ですね。みんなが経験することではないので。1人暮らしも苦にならないし、どんな社会に出ても通用します。門馬監督もよく、野球が終わっても一社会人として恥ずかしくないようにと言っていました。野球を通して人間教育をするということは、今にもつながっているかな。

―高校野球人気は甲子園でも過熱している。

特に夏は投手1人では絶対にダメ。そこは言ってあげたい。甲子園もナイターにするとかでもいい。今の夏は平気で40度近くなる。昔の伝統というけど、そんなの壊していかないと、野球界としてダメになる。

高校時代について赤裸々に語ってくれた菅野＝都内

お客さんの問題もありますが、だってアマチュア野球ですよ。プロではない。見に来たくない人は来なくていい。収益が目的じゃないんだから。

―球児へアドバイスを。

グラウンドにいる時間だけで差をつけるのって難しいと思う。同じ時間に出てきて、同じ練習やっていても。やっぱり自分の時間をつくること。高校生だけじゃなくて、プロもそう。高校生は学校もあって大変だとは思いますけど、その中でいかにやれるかが大事だと思う。

すがの・ともゆき　新町中―東海大相模―東海大―巨人。高校時代から140キロ超を投げて注目されたが、3年夏の神奈川大会決勝で敗れるなど、甲子園には一度も行けなかった。首都大学リーグでは37勝4敗、防御率0・57と無敵を誇った。4年時のドラフトでは日本ハムの指名を蹴って浪人を選択。1年後に巨人からの1位指名で入団した。昨季の沢村賞をはじめ最優秀防御率3度、最多勝、最多奪三振を各1度と、球界のエースとして君臨している。相模原市出身。28歳。

横浜商大　田沢純一

練習行きたくなかった

横浜育ちの右腕が、日本のプロ野球を経由せずに世界最高峰の舞台・米メジャーリーグに活躍の場を求めて、早くも10年目になる。

メジャー通算357試合に登板しているマイアミ・マーリンズ（取材当時）の田沢純一が、高校野球界に向けて発信する提言は示唆に富んでいる。

「アメリカって選手が楽しそうなんですよ。高校、大学の試合でもミスを恐れない。リーグ戦が多くて一発勝負ではないというのもありますが、伸び伸びやっているイメージがあるので。そういうところも（日本は）学べるんじゃないかな」

翻って、自らの高校時代には「正直あまり思い出はないですね」と苦笑する。「日本のすごく怒られながらやる高校野球というのが悪いとは思わないけど、もうちょっと（米国流と）歩み寄りができたらいい」

2018年の推定年俸は700万ドル（約7億7000万円）。2013年にはボストン・レッドソックスのワールドシリーズ制覇にも貢献した剛腕のルーツは、華々しさとは無縁の泥くさい高校時代にあった。

「入部した時に、みんな『おまえどこシ

ニ?』とか言うんですよ。シニア出身だと位が上がる。でも、こっちはそんなの知らなかったし」

中学の軟式野球部育ちだった田沢は、高校時代は練習についていくだけで大変だったという。

「正直しんどかった。練習に行かなくていいのなら行きたくなかった。何でこんなに厳しいところに入ったんだろうっていつも思っていた」

「やっと慣れてきた」という2年春には球速は入学時の125キロから15キロほどアップ。その夏に横浜商大を10年ぶりの甲子園に導く1学年上のエース給前信吾と遜色ないほどに力を伸ばしてきても、過酷な練習は続いた。全力で20メートルを15本走り、それを10セット繰り返す。「うちは横浜高校のセレクションを落ちたような人が来るところなので、横浜がアメリカンノックを10本やったと聞けば、おまえらはじゃあ、その2倍みたいな」

きつかったのは体づくりのメニューだけではない。「一番覚えているのは、ストライク5球1セットで、ボールを1球でも投げたら(右翼と左翼の)ポール間を走って往復しなきゃいけない。それで戻ってきてまたすぐ投げる。はあはあ言ってるのにストライク入らないですよね。プロでも全部が全部ストライクを取れるわけじゃない。選手に言ってる監督でもそんなことできるとは思わないですよね」

２００４年の神奈川大会準決勝。２年連続の甲子園まであと2勝に迫った横浜商大は前年決勝で破った横浜と再び、顔を合わせた。しかし、田沢と涌井秀章（現ロッテ）の注目の投げ合いは、あっけない結末となった。

高校2年夏の甲子園練習でエース給前の投球を見つめる

「涌井は2年の時からすごい有名なピッチャーで、雲の上のような存在。僕は自チームの監督に怒られるような存在。涌井がどうこうより、どうチームに迷惑を掛けないかと考えていた」

３番石川雄洋（現横浜ＤｅＮＡ）が牽引

甲子園では明徳義塾との初戦で敗退し、登板機会はなかった

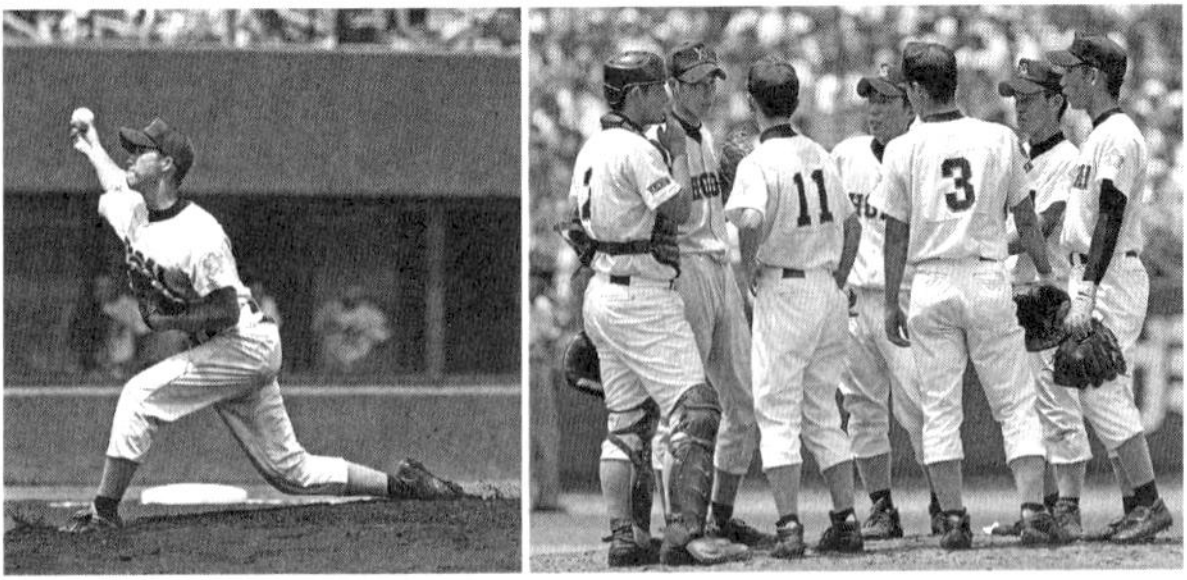

（左）3年夏はエースとしてチームを牽引 （右）準決勝で横浜の強力打線に沈んだ

5回戦の日大戦で完封勝利し、ガッツポーズする田沢。最後の夏は不動のエースとしてチームを引っ張った＝2004年7月24日

する横浜の強力打線につかまり、2回9失点でKO。そもそも、その夏に4完投していた右肩は限界に達し、接骨院から登板回避を勧められる中、無理を押してマウンドに立っていたという。

「涌井のような存在がプロに行くんだと思っていたし、2回9失点の僕はダメだったら就職すればいいという感じだったけど、ENEOSが拾ってくれたんです」

卒業後は社会人野球の名門・新日本石油ENEOSで大きく力を伸ばし、4年後には注目のドラフト1位候補となった。活躍の場は日本のプロ野球かメジャーか──。米大リーグのレッドソックス入団を選ぶ決め手となったのは、即戦力としての評価以上に、潜在能力を存分に引き出す下部組織や育成プログラムが充実している点だった。

「やっぱり根拠のないことはしたくない。これは何のために必要だと明確になっていた方が取り組みやすい。どこの高校もそうかもしれないですけれど、とりあえず走るっていうのが高校時代に多くて、無駄なことをしたくないということが高校時代（の反省）で身につきました」

ただ、やはり青春時代は懐かしい。メジャーリーガーとして成功を収めた今だからこそ、笑って語れる思い出だ。

「高校時代は監督に怒られずに帰ることを目標にしていたので、ちょっともったいなかったですよね。高校野球は学校を背負ってみんなで一生懸命戦ういい舞台だと思いますし、今でも自分の母校が少しでも勝ってくれるとうれしいです」

（文・木田　亜紀彦）

あそこまで伸びるとは

「もう二度とやりたくない」と振り返る高校時代の過酷な練習を乗り越えた田沢。課された練習量は、指導者たちの大きな期待の裏返しだった。

部長の松江光彦が田沢を初めて見たのは松本中2年時。薄暗いブルペンで細身の右腕から放たれる球筋に思わず目を見張ったという。

親交があった当時の横浜の部長・小倉清一郎に勧められて視察した千葉・松戸シニアの涌井との共通点も多かった。「同じような背格好で、同じような性格。硬式と軟式の差はあったけどボールの質は変わらないし、コントロールも良かった」

報告を受けた当時の監督、金沢哲男の見立てもまた同じだった。「給前よりも将来的には上を行く。鉛筆みたいな体をしていたけれど、ボールが（ホップして）噴き上がってくる。いいピッチャーになる要素を持っていた」。だからこそ一切の甘えを排除し、誰よりも厳しく接した。

記者コラム

金沢が「一番怒りましたよね。でもそれだけ期待してましたから」という教え子は、世界最高峰の舞台へ羽ばたいていった。「涌井と違って無名の選手が立派なもんですよ。まさかあそこまで伸びるとは思わなかった。(教え子が)ここまで成長したのは最初で最後ですよ」

「高校時代は周りに迷惑を掛けてばかりだった」と笑う田沢

たざわ・じゅんいち　横浜商大高—新日本石油ENEOS—ボストン・レッドソックス—マイアミ・マーリンズ。新日本石油ENEOS(現JX—ENEOS)でエースとして活躍。2008年には都市対抗大会を制覇し、最優秀選手賞を獲得した。翌09年に米大リーグのレッドソックスに入団し、セットアッパーとして活躍。13年には6年ぶりのワールドシリーズ制覇に貢献した。18年6月からはデトロイト・タイガースとマイナー契約を結び傘下チームでプレー中。横浜市神奈川区出身。31歳。

桐蔭学園

鈴木 大地

心にしこり残る憤死

「アクシデントが起こらない限り、レギュラーで起用し続けたいと考えている」

米大リーグでプレーした日本人として初めて監督に就任し、2018年からロッテを率いる井口資仁から、最上級の信頼を寄せられている鈴木大地。主将を4年間務め、熱狂的なマリーンズファンから絶大な支持を受けるリーダーだ。

2005年にはワールドシリーズ制覇も経験している新指揮官は、2016年まで4シーズン遊撃を守り、2017年は二塁でフル出場してゴールデングラブ賞を初受賞した鈴木を、今季は三塁にコンバートする方針という。

打率3割を超えたことはないが、過去5シーズンで欠場は1試合のみ。「自分は特に秀でた才能はないけど、どのポジションでも任されたら臨機応変にこなす自信はあります」

桐蔭学園時代もそうだった。3年間で二塁、三塁、遊撃を守った。当時監督だった土屋恵三郎（現星槎国際湘南監督）は「とにかく努力家で本当に真面目な子。肩も足も普通なのに、何か持っているものがあった」と1年からベンチ入りさせて、重宝してきた。

だが、そんな鈴木の高校時代も、順風ばかりが吹いていたわけではない。「心にしこりが残っている」と、今も脳裏に焼き付き、忘れられないシーンがあるという。

高校2年の夏。2006年7月28日の神奈川大会準決勝。春のセンバツを制していた横浜に対して、エース加賀美希昇（元横浜DeNA、現JR西日本）を擁する桐蔭がどう挑むのかが注目されたゲームだった。

「下馬評は横浜で、桐蔭は押せ押せの雰囲気で行くしかなかった」。リードオフマンの鈴木は、自分の役割を分かっていた。0―0の初回裏、先頭打者として打球を中前に運ぶと、犠打で進塁して1死二塁とチャンスメーク。しかし、前のめりの気持ちは、相手バッテリーに見透かされ、けん制死。天を仰ぐように、唇をかむしかなかった。

以後は2打席無安打で途中交代し、試合も敗れた。「リズムを生まなきゃいけなかったのに、とんでもないことをしてしまった。とにかく先輩に申し訳なかった」

テレビ中継を録画したビデオは静岡の実家にあるが、「今でも見られないですね。でも、思い出したくもないのに鮮明に出てくる」。腕を組み、遠くを見ながらこぼす言葉に複雑な思いがにじむ。

鈴木を取材したのは、2017年12月に推定年俸1億1千万円で契約更改した日だった。チームで日本人3番目の高給取りとなった28歳は、高校時代の神奈川新聞の紙面を手に、「全然、僕のコメント載っていないんですよ。目立たなくて、取材もされなかったんで」と自嘲気味に笑った。

副キャプテンとなった2年秋は準決勝で日大藤沢にサヨナラ負け。3年春は3回戦、夏は5回戦で敗退した。「甲子園に行けなかったからこそ、甲子園組に負けたくないという思いでやれている。仲間と悔し涙を流したことが今の支えですね」

卒業後、「TOIN」のユニホームが「TOYO」に変わると、急に勝ち運が巡ってきた。東洋大では1年秋からレギュラーとなり、4年で主将を務め、5度のリーグ優勝、4度の全国制覇を経験。当時、チーム内で最も脚光を浴びたのはエース藤岡貴裕だった。ロッテ入団もドラフト1位藤岡に対し、鈴木は3位の評価。しかし、1年目から1軍に定着すると、鈴木はチームリーダーとなっていった。

「横浜と相模は、もう最強でしたよ」

高校最後の夏から10年以上が過ぎた今も、全国最激戦区で育ったプライドを胸に秘め、ライバルたちをリスペクトする気持ちも変わらない。

2007年。高浜卓也(ロッテ)と1年生の筒香嘉智(横浜DeNA)がいた横浜を準決勝で破った東海大相模には、菅野智之(巨人)、田中広輔(広島)、2年生の大田泰示(日本ハム)がいた。

その東海が決勝で桐光学園に敗れる――と

（上）高校2年夏、横浜との神奈川大会準決勝。1回裏に中前打を放ったが…、（下）先頭打者で出塁するも、1死二塁でけん制死した鈴木（右）＝2006年7月28日、横浜スタジアム

遊撃で華麗な守備を披露

走攻守の三拍子そろった桐蔭学園のリーダーだったが、高校時代に注目されることは少なかった

いう激しい覇権争いが繰り広げられた夏。チーム内にもスラッガー井領雅貴（中日）がいたため、神奈川大会で打率4割6分7厘を残した鈴木にスポットライトが当たることはなかった。

「今でもみんなと立場が逆転したわけじゃない。刺激されるし、負けたくないライバル。高校時代はかなわないと思っていた菅野や田中を見ていると、やっぱり自分も侍ジャパンを目指したいなと思いますね」

（文・矢部　真太）

今夏は甲子園出場してほしい

――桐蔭時代、土屋監督に信頼されていた。

一度だけ怒られました。3年夏の大会直前の練習試合でエラーして呼び出されて、「おまえは勘違いしている」と。1年から試合に出続けて、緩慢になっていたわけじゃないけど、背番号を付けることは部員全員の思いを背負うことだと強く認識しましたね。

――仲間への思いが選手を成長させる。

メンバー発表直前に3年全員でやった紅白戦はよく覚えています。メンバー漏れだと分かっているやつが必死にスライディングして、一緒にやるのも最後と思うと涙が止まらなくて。

――みんなで支え合った。

「高校2年夏の横浜との準決勝で、けん制で刺されたことが忘れられない」と語る鈴木＝千葉市のZOZOマリンスタジアム

井領（中日）も親元を離れて千葉から来ていて励まし合っていた。大会前には寮の屋上で星空を一緒に見たりして。高校3年の最後に負けた慶応戦で、井領は「待て」のサインを無視して場外弾。あいつは野性児ですよ。

──桐蔭は甲子園から遠ざかっている。

最近はラグビーの桐蔭って感じですし、そろそろ行かないと。毎年楽しみに試合結果は必ずチェックしている。今夏は2校出られるし、出場を果たしてほしい。

──名前の由来は？

よく聞かれますけど、水泳の鈴木大地さんがソウル五輪で金メダルを取った翌年に生まれたので…。名前負けしないよう頑張らないと。

すずき・だいち　静岡・小山中─桐蔭学園─東洋大─ロッテ。中学時代は静岡裾野シニアで、全国大会ベスト4。桐蔭では1年夏から3季連続で田中広輔（広島）らがいた東海大相模と対戦し、敗れた。東洋大時代は大学日本代表に選出され、3年時に世界大学選手権銅メダル獲得。2012年にドラフト3位でロッテ入団。14～17年にキャプテンを務め、13、16年は遊撃手でベストナインに選出。2018年から三塁にコンバート。静岡県小山町出身。28歳。

東海大相模

大田 泰示

俺は野球に恋をした

　巨漢が、ネクストバッターズサークルで泣いていた。2008年の北神奈川大会決勝の慶応戦、延長十三回裏だった。2死一塁。まだ試合は終わっていなかった。

　それでも東海大相模の大田泰示は、泣いていた。

「東海のキャプテンをやって、いろんな選手がいるから本当に大変だったし、強く言ったりとか、自分が先頭になって背中で引っ張らなければとか。そういう思いが全部、頭に巡ってきた」

　直前の十三回表。6―6の同点、2死二塁という場面で救援を命じられた。緊迫の場面で遊撃からマウンドに上がった。

「夏の登板は初めてだったし、訳が分からないままだったけど、力でねじ伏せて流れを持ってこようと思って」。最速147キロを記録したが、正直すぎる直球勝負。ストライクゾーンに吸い込まれた投球は、三塁打と2ランで簡単に打ち砕かれた。重すぎる3点を失った。

　俺のせいで―。

　涙目のまま打席に向かった。無我夢中で叩き付けた打球は、左翼へ抜けた。すでにドラフト1位間違いなしと言われていた強打者は、ホームランを狙う気はなかった。

3年連続の夏準優勝に終わり、泣きながらスタンドにあいさつする大田（右から二人目）＝2008年7月27日、横浜スタジアム

「だって2ランでも1点足りない。俺が出て、角（晃多＝元ロッテ）がホームラン打てば同点、さらに続けば逆転できるとか、考えていた」

4時間20分の死闘の末、その願いは届かなかった。

試合中、慶応ナインを見て思っていた。「あいつら本当に楽しそうにやっているなあ」。東海大相模が先制して追いつかれ、勝ち越して逆転されても再逆転して、九回には2点をリードしていた。しかし土壇場で追いつかれた延長戦。慶応は生き生きとしていた。

46年ぶりの優勝に向かう慶応の代名詞は、「エンジョイ・ベースボール」

だった。相模とは決して相いれない、哲学だ。笑顔ではなく、力で乗り越える。「アグレッシブ・ベースボール」こそが相模の伝統だった。

「僕らは31年も夏の甲子園に行けていなかった。みんな頭の中にそれがあった。決勝でどう勝つかを考えすぎていたから、いざ決勝の時にあたふたしてしまったんだと思う。そういう面が当時の相模にはあった」

その前年には、エース菅野智之（現巨人）を擁しながらも、決勝で桐光学園に九回に勝ち越され8―10で敗れた。さらにその前年も、決勝で横浜に7―15で屈していた。

「決勝までは簡単な感じでしたね。甲子園に行くのが当たり前だというふうに思えていれば、決勝が『通過点』になる。そういう感覚でいれば普通に野球ができたはず」

タテジマのユニホームを着た3年間。神奈川を意識しすぎていた。

広島出身で、清原和博（元巨人など）や中村紀洋（元近鉄など）ら、男気のある選手に憧れた。

高校通算65本塁打という数字もさることながら、夏の決勝で2年連続先制弾という勝負強さを誇った。自らを「ぶんぶん丸」と笑い、フルスイングがよく似合った。弾丸のまま一瞬でスタンドに突き刺さるホームラン。188センチ、90キロという規格外の大型遊撃手は、デレク・ジーター（ヤンキース）を彷彿とさせた。

常に気合全開で、強打と豪気の相模野球

を体現していた。そんな性質が、熱血漢の監督・門馬敬治とフィットした。

「門馬さんは僕の中では神です。プロに行けたのはあの人のおかげ。あの人のミーティングは熱がある。熱いから、闘争心を沸かせてくれる。勉強になったし、今の自分につながっている」

ドラフト1位で入団した巨人では、8年間で計9本塁打と伸び悩んだ。2017年トレードで移った日本ハムでは、初めて規定打席に達し、たった1年で15本塁打と開花した。

大田は変わった。いや、正確に言えば、戻った。結果を恐れない、あのころに。

高校時代、グラブにこんな刺繍をして、当時の部長・田倉雅雄に大目玉を食らったことがあった。

俺は野球に恋をした――。

大田と野球は、これからもっと両思いになっていくはずだ。

（文・佐藤　将人）

神奈川の「格好良さ」

記者は、生で見た高校野球選手の中で大田が一番すごいと思ってきた。

打撃はもちろん走れば50メートル6秒フラットで、投げれば140キロ超。巨人で松井秀喜さんの55番を引き継いだ時も、相応の期待だと思っていた。伸び悩んでいるのが、もどかしかった。走攻守全て、それなりに何でもできるという高度すぎる「器用貧乏」が、仇になっているのかなと思った。日本ハムでの開花は本当にうれしかった。

本人は神奈川で過ごした高校野球が原点だと言う。その魅力を語る言葉がまた、大田らしい。

「高校生って一生懸命試合しても、けがしないでしょ。試合に入り込んで、ぜってー負けねえっていう気持ちで野球をするから。神奈川はそこに『格好良さ』が入ってくる。横浜や相模、桐光とか、カラーがはっきりしているのが面白い」

だから、生まれ変わっても、また

生まれ変わってもまた東海大相模でやりたいと話す

広島から「相模」に出てくるという。甲子園に行きたいのは当然だが、「何より神奈川で優勝したい」と。

その神奈川代表が近年、甲子園で振るわないのがもどかしいという。

「燃え尽き症候群みたいなのあるんじゃないすか。神奈川で勝ったことで。甲子園だとなんか違いますもん。横浜も、なんか淡々と野球やって終わってるみたいな」

今も気になって仕方ないようだ。

おおた・たいし　東海大相模―巨人―日本ハム。1年春からメンバー入り。高校通算65本塁打の強打はもちろん、走攻守に秀でる万能性で3年時は遊撃を務め、米ヤンキースの名ショートになぞらえ、「和製ジーター」と呼ばれた。高校3年間、夏は全て準優勝に終わった。巨人にドラフト1位で入団し、2016年オフに日本ハムへ移籍。17年は初めて規定打席に達し、打率2割5分8厘、15本塁打46打点とキャリアで最良の成績を残した。広島県出身。27歳。

横浜 成瀬 善久

代名詞の「招き猫」投法

春3度、夏2度。神奈川最多の全国制覇を成し遂げている名門横浜が、甲子園の決勝で唯一敗れた試合がある。2003年4月3日。3—15。広陵（広島）とのワンサイドゲームだ。

涌井秀章（現ロッテ）を救援し、打たれ続けた成瀬善久は、あの日のマウンドをこんなふうに記憶していた。

「劣勢で投げたことがなくて気持ちの保ち方が分からない。試合中に集中力は切れました。高校野球は負けたら終わり。早く代えてほしかった」

上本博紀（現阪神）を中心とした打線に打ち込まれ、当時の決勝最多安打（20本）という不名誉な記録まで献上。荒波翔（現横浜DeNA）をけがで欠いた打線も、西村健太朗（現巨人）と白浜裕太（現広島）のバッテリーに手玉に取られた。

選抜決勝の広陵戦で悔しそうな表情を浮かべてベンチに戻る成瀬

さかのぼること2年。栃木から出てきた15歳の成瀬にとって、まだ記憶に新しい「春夏連覇」の偉業もどこか遠い出来事だった。同期の荒波が1年夏の甲子園で活躍する一方、眼鏡をかけた軟式野球部出身の成瀬にとってのライバルは、1学年下で松坂2世と呼ばれた涌井だった。

「球が遅いから、人と違うことをやったほうがいい」。監督の渡辺元智に言われた。球を速く見せるため、ボールの出どころを隠した、いわゆる「招き猫」投法。これがプロで活躍し、北京五輪日本代表にも選ばれた左腕の代名詞となった。

「戸惑いもあった。「中学は速球派。140キロも出たし、遅い自覚はなかった。でも横浜の右投手は松坂さんのような豪腕、左は技巧派のイメージ。制球力を求められていると理解しました」

2年秋の県大会は涌井がエース。成瀬は背番号10だった。同期から「年下エースは嫌」と言われ、監督からは「自覚が足りない」と奮起を促された。「ワクだけには負けられない」。眼鏡からコンタクトレンズに替え、関東大会以降は主戦の座を譲らなかった。

高校最後の試合はわずか15球で終わった。唯一の心残りだ。2003年神奈川大会決勝。前夜、渡辺から急転直下の先発要請だった。「最後の夏だからおまえで締めくくれ」。「無理です。投げられません」。

3年春の選抜準々決勝で平安を2安打完封した成瀬。わずか1四球で内角を強気に攻めた投球を「ベストピッチング」と自賛した＝2003年3月31日

成瀬は素直な感情を口にしていた。

事実上の決勝と言われた選抜出場校の桐蔭学園との準々決勝。成瀬は延長12回145球の熱投で2失点完投した。準決勝も東海大相模を完封。5試合で防御率0・96、さらに敬遠を除けば無四球という抜群の安定感も、試合のたびに痛み止めの注射を打っていた左肩は限界だった。

「決勝は涌井でいく」。前々から告げられていたから、決勝分の注射はなかった。だが、エースの「拒絶」は指揮官の逆鱗に触れた。春の雪辱のため、成瀬が投げないわけにはいかなかった。

初回。横浜商大打線に2失点。「試合前に腕が振れないから肩が温まらない。120キロも出なかった」。1イニングが精いっぱい。伝令の主将吉田斉に、交代したいと打ち明けた。試合後、渡辺は苦渋の決断だったと明かした。「成瀬で勝ってきたチーム。（体が）重いのは分かっていたが、心中するつもりだった」

成瀬はその言葉をいま推し量る。「春と同じことをしたくなかったんだと思う」。選抜決勝の先発は背番号10の涌井。ただ「無理して投げ勝っても甲子園では肩が痛くて投げられなかった。こればっかりは仕方ない」。

野球の技術は高校でほぼ教わった。投内連係の練習は緻密だった。「高校ではいつも頭を使った。プロでも一歩先を読めたし、驚かなかった」

（上）3年夏の神奈川大会。準々決勝の桐蔭学園戦で最後の打者を打ち取ってガッツポーズ
（下）決勝で横浜商大の給前信吾に先制の左越え二塁打を打たれ、打球の行方を見つめる成瀬＝2003年7月30日、横浜スタジアム

名門のエースという重責に葛藤もあった。投手の走る量は野手の2倍。さらにエースなら他の投手の2倍。監督や部長の言葉に何度もふてくされたが、卒業後に教えが生きた。「プロでは首脳陣に反抗するなよ。嫌われるより好かれたほうがいいだろ?」。今は後輩たちにそう伝える。

涌井とはプロで幾度も投げ合った。10年の開幕戦ではともに8回を投げて涌井が1失点、成瀬が2失点。ロッテでは1年間ともにした。「涌井とは高校のとき変なプレッシャーでぎくしゃくしていた。プロでも周りからいじられる。別に気まずくはないですよ」

今の球児に伝えたいことは悔いなく、野球を楽しむこと。「でもけがは絶対に我慢しないで指導者に言ってほしい」。高校時代、けがに泣かされ続けたエースの言葉には説得力がこもっていた。

（文・松村 祐介）

ヒーローインタビュー

一生懸命さが魅力

—栃木からなぜ横浜へ。

同郷だった畠山太さん（日大—富士重工）が2学年先輩にいたということもあったけど、最初は乗り気じゃなかったんです。家を出たくなくて。でも小倉部長の人柄に父親が惚れて「この人だったら息子を預けたい」と思ったらしいです。「やるなら上を目指した方がいい」と言われて決めました。神奈川に来て大観衆の中で野球ができた。人間的に鍛えられました。

――憧れだった野球選手は。

松井秀喜さん。打つほうが好きだったんです。栃木のテレビは巨人戦しか映らなくて。高校でも松井さんみたいなホームラン打ちたいと思ってましたもん。松坂さんは高校の先輩としてとても尊敬しています。右と左で違うので憧れというわけではないですが。

――高校時代、野球以外の思い出は。

野球しかないです。文化祭も引退してから初めて参加して。寮に上地雄輔さんが来てくれたことがありました。ちょうどテレビドラマに出始めたころ。「元気にしてるか、後輩ども」って。それで初めて先輩だったんだと知りました。

「今の自分があるのは監督、部長のおかげ」と語る成瀬

―高校野球の魅力は。

一生懸命さじゃないですか。3年夏の神奈川大会3回戦で港北に九回1死まで負けてたんです。ベンチでチームメートと「夏休みどうする?」なんて話もしてて。でも相手も緊張していた。内野ゴロを全力で走ったらセーフになった。そこから10点取って逆転勝ち。最後の最後まで分からない。イレギュラーとか予想できないことが起きることだってある。それが面白いですよね。

なるせ・よしひさ　栃木・桑中―横浜高―ロッテ―ヤクルト。抜群の制球力を駆使して高校3年春に甲子園に出場し準優勝。夏は神奈川大会準優勝。プロ3年目の2006年に1軍初先発で初勝利をマークした。翌年は16勝1敗、防御率1・817で最優秀防御率、最優秀投手を獲得。北京五輪代表にも選出され、先発したカナダ戦で7回無失点で勝利。14年オフにフリーエージェント(FA)でヤクルトに移籍した。栃木県小山市出身。32歳。

横浜商

山口 鉄也

「負けるなら横浜で、悔いはない」

普段はシャイな左腕が、燃えていた。
「横浜は間違いなく神奈川ナンバーワンだった。勝てば甲子園に行けると思っていた」
2001年夏の神奈川大会準々決勝。横浜商（Y校）のエース山口鉄也が、横浜との「YY対決」のマウンドに上がった。今でこそ力の差が開いている両校だが、当時はまだライバルと言える関係にあった。しかもY校は、春夏8度甲子園に導いた元監督の古屋文雄が校長を務め、長男・克俊が捕手を任されるなど甲子園へのムードが高まっていた。山口の力みも、決して蛮勇ではなかった。

初回、いきなりの2死一、二塁。焦っていた。リードの大きい横浜の走者に対し、サインは「外角に外しキャッチャーけん制で二走を刺せ」。これを、見落とした。

直球が甘く入った。5番大河原正人（東芝）の打球が二塁に寄っていた遊撃手の逆を突き、先制打となった。連続四死球と中前打で畳み掛けられ、重い4点を失った。
「正直言うと、その時点でもう、駄目だなと諦めかけました」

以降は立ち直った。1―5で敗れたが、手も足も、とは思わなかった。それでもや

初回に横浜から先制点を奪われ、肩を落とす山口（左端）、捕手古屋＝2001年7月27日、保土ケ谷球場

はり、横浜の強さが印象に残った。

「横浜はすごいうまい野球をしてきた。自分のクイックが良くないのを知ってい て、どんどん揺さぶりをかけてくる。プロみたいな野球だった」

横浜の主将は現監督の平田徹が務め、荒波翔（横浜ＤｅＮＡ）や円谷英俊（元巨人）、エース畠山太（元富士重工）ら、充実の布陣だった。甲子園でも下馬評通り、４強まで勝ち上がった。

山口はほぼ無名のままに終わった。

その４年前。山口少年を釘付けにしたのが、「ＹＹ対決」だった。

１９９７年夏の準決勝。春のセンバツに出場したＹ校が、２年生の松坂大輔（中日）

を擁して連覇を狙う横浜と対した。ベンチに入れなかったが、Y校には山口の3歳上の兄・大輔がいた。

1─2の九回裏、Y校の攻撃だった。同点に追いつき、なおも1死一、三塁。ここで松坂が、まさかのサヨナラ暴投を犯す。翌年には春夏の甲子園と国体を制する「平成の怪物」に、高校最後となる黒星を付けた。

「あの松坂さんですよ。絶対に負けるだろうと思っていたのに」

進路を決める際、横浜の当時の部長、小倉清一郎から誘いがあった。ただ少年の心は決まっていた。「Y校のエースになって俺も横浜を倒したい」。共学であることも、大事な要素だった。その97年以来となる再戦が、自身最後の夏に訪れた。

「負けるんだったら横浜に、と思っていたので悔いはなかった。すっきりした、という気持ちが一番強かったです」

涙は、出なかった。振り返れば、甲子園常連だった「強いY校」の空気を生で知る、最後の世代だったかもしれない。

その実、左腕は「練習が好きじゃなかった」。ランニングの最中に公園で休み、自主練習に励む仲間をよそに帰宅した。プロへの思いがある一方、弱い自分がいた。「気付いたときには大学のセレクションも大半が終わっていて…。そんな時にお誘いがあって」

海外での挑戦だった。米大リーグ、ダイ

ヤモンドバックスとマイナー契約を結んだ。メジャー手前の3Aはおろか、1Aのさらに下のリーグ。そのレベルでも圧倒された。とてつもなく足が速い、肩だけは異常に強い、ハングリー精神がすごい。みな何かの武器があった。対して自分は―。自信はすぐに、崩れ去った。

単純に思った。「もっとうまくなりたい」。かつての練習嫌いが変わった。自主練、筋トレ、ランニング…。やれることはやった。それでも4年たっても、昇格できなかった。大学に行っていれば卒業の年。節目だと思い、帰国した。

2005年だった。横浜と楽天の入団テストは、不合格に終わった。そんな中、この年に新設された育成選手枠で、巨人が拾ってくれた。

2年目に支配下登録。ジャイアンツで左のセットアッパーの地位を築き、12年には史上初となる5年連続60試合登板達成。日本シリーズで胴上げ投手にもなった。自身でも想像していなかった、〝シンデレラ〟ストーリーだ。

座右の銘としている「今を大事に」という言葉には、練習に向き合わなかったY校時代の反省も込められている。

（文・倉住　亮多）

普段は内気で口数の少ない左腕も、マウンドでは熱い闘争心を燃やしていた

（左上）長身から繰り出される速球は球威抜群　（下）6番打者として下位打線を支えた
（写真は全て山口美津子さん提供）

恩師との不思議な縁

山口が「僕の野球人生の原点」と語るのは、横浜市立菅田中時代のことだ。当時の顧問・菅沼努を、今も恩師と仰ぐ。

中3の夏、「3番・投手」の山口の活躍により、同校は「ハマの甲子園」こと全日本少年軟式野球大会で初の4強入りを果たした。監督直伝のカーブは、高校でも最高の武器となった。

高校野球が終わった後は、進路相談もした。出足の遅れた教え子のため、菅沼は大学探しにも奔走してくれた。入学の手続きまで進めていってくれた恩師は、渡米という不義理にも、何も言わず背中を押してくれた。

練習嫌いだった高校時代を語る山口＝宮崎市内

記者コラム

「本当にいろいろとやってくださったのに、たくさん迷惑を掛けてしまった」

２０１７年、不思議な巡り合わせがあった。横浜市立高校の教員となっていた菅沼がＹ校に異動となり、秋からは野球部部長に就任した。山口は「びっくり。何よりうれしいですよね」と喜ぶ。

山口は17年夏、打撃練習用のネットを母校に寄贈した。菅沼は笑う。「あいつも僕が部長になって、Ｙ校をさらに応援してくれている。助かっています」。春夏16度の甲子園出場を誇るＹ校だが、直近の夏は２００８年の県８強が最高だ。師弟の絆が、かつての輝きを取り戻すきっかけとなるか。

やまぐち・てつや　菅田中―横浜商―ミズーラ・オスプレイ―巨人。高校時代は１４０キロの速球とカーブを武器に、エースナンバーを背負った３年夏の神奈川大会でベスト８。卒業後、米大リーグ、ダイヤモンドバックスとマイナー契約。ルーキーリーグのミズーラ・オスプレイで４年間プレーした。帰国後、２００６年に育成枠で巨人に入団。07年途中に支配下選手登録され、08～16年まで９年連続60試合登板のプロ野球記録を持つ。最優秀中継ぎ投手を３度獲得。球界が誇る左のセットアッパー。横浜市出身。34歳。

慶応

白村　明弘

「慶応時代」の象徴

慶応にとって49年ぶりとなる秋の県大会優勝を報じる神奈川新聞は、こう見出しを打った。

慶応時代到来―。

旋風の中心にいたのが、白村明弘だった。エースは大会6試合で44イニングを投げ、わずか3失点。決勝も1失点で完投し、日大藤沢を7―1で退けた。

2008年のことだ。直前に46年ぶりの夏の甲子園でベスト8に入った慶応の勢いは、新チームになっても加速した。関東大会も制し、3季連続の甲子園を決めた。明治神宮大会も、初出場で初優勝を果たした。

「日本一」は、慶応普通部時代の、1916年の第2回全国中等学校野球大会（現在の夏の甲子園）以来92年ぶりという、まさに快挙だった。

「3回戦で東海大相模に（8―1で）コールド勝ちして、良い意味でチームが勘違いした。あれで自信をつけて、準々決勝で桐光学園にもコールドでしたから」

当時、県内の指導者は、ため息交じりによくこう話していた。「慶応が『あれ』をやり出したら、きついよ」

「あれ」とは同校が2002年から採り入れた、スポーツを含めた推薦による入学制度だ。高い学力が求められるが、落第しない限り慶大へ進学でき、東京六大学リーグへの道も開ける。ライバル校には太刀打ちできない「特典」に、全国から文武両道の逸材を集めるだろうとささやかれた。

最初の結実となったのが、エース中林伸陽（現・JFE東日本）を擁しての、45年ぶりとなる選抜甲子園出場（2005年）だった。そして白村が遠く岐阜県から慶応の門をたたいたのも、まさに「中林さんが甲子園で投げるのを見て、慶応はほかのチームとは違うなと思ったから」だった。

高校で最速147キロを投げた186センチの大型の豪腕はだから、「慶応時代」の象徴でもあった。

だが右腕は、故障に苦しんだ。秋の時点で痛みがあった腰をかばって投げるうち、フォームが少しずつ狂っていった。

センバツは初戦で開星（島根）に1—4と敗れた。甲子園での初登板は8回を投げ11三振を奪い、許した安打は5本のみだった。

「芯の強い投手になりたい」。誓って迎えた最後の夏。神奈川初となる4季連続での甲子園なるかという期待とともに、白村にはもう一つ「史上初」の話題があった。

慶大進学を蹴ってのプロ入りだ。当時の監督、上田誠はこう悩んでいた。「プロのスカウトが言うんだよ。白村はその素材だけで十分にドラフト上位候補だって」。白村自身も大会までに答えを出せずにいた。

慶応の黄金期を象徴していたエースの白村

「4季連続」を果たせたら、150キロを投げられたら、そのときは—。そうして向かった、夏だった。

3回戦。桐蔭学園を相手に、白村は満を持してこの夏初登板した。それは、監督の上田が「歴代で一番の素材」と繰り返した逸材が、本物になれるかの戦いでもあった。

結果は、1―3。

6四死球で、先頭を6度も出した。「気合が入りすぎて空回りした」。秋には日本一にもなった甲子園投手の最後の夏は、1試合の登板であっけなく幕を閉じた。試合後に明かしたのは、腰痛による調整不足。状態が上がり切らなかった。

入学直後から140キロ超を投げた。力道山の孫として話題になった田村圭と只野尚彦の二枚看板が1学年上にいたため、出番は少なかったが、この右腕の成長にチー

1年の時から140キロ超を投げ、慶応の歴代でも屈指の逸材と言われた

ムの3年を賭しても惜しくないほどの原石だった。しかし、「慶応時代」の到来を象徴していた好素材は、その規格外さゆえに高校で完成を見ることはなかった。

慶大に進学し、1年秋のリーグでいきなり153キロを記録。2年春には防御率1・21でリーグ優勝に貢献した。「ずっと、同年代の投手には負けるつもりはなかった」。ただ、ドラフト1位が目標だと公言しながら、高校時代と同様に、誰もが認める異能を持て余すかのような4年間でもあった。

ドラフト当日。慶大には指名するなら上位で―という「不文律」があった。1位、2位…。名前が呼ばれない。「終わったなと、寮に戻りました」。急転直下、日本ハムが6位指名。「どうしてもプロに行きたかった」。異例の下位入団で最高峰の舞台に進むと、ついに開花した。

母校は2018年春、白村世代以来となる選抜出場を果たした。白村の後も全国から指折りの逸材が集まっているが、神奈川を勝ち続けることは、それだけ難しいことなのだ。

慶応の歴史を塗り替える瞬間に数々立ち会った白村は、こう言う。

「歴史なんて気にしていたらきりがない。自分の代では負けない、という気持ちが大事。自分は気持ちが強かったという自信だけはある」

だから後輩に、こう伝えたい。貫け―。

（文・佐藤　将人）

ハイタッチでチームメートと勝利を喜ぶ。ナインからの信頼も絶大だった

明治神宮大会で日本一に輝き、ガッツポーズ。ただこの大会も腰痛が理由で決勝以外の登板はなかった

完璧な意趣返しに成功

白村が「高校のベストピッチ」と振り返ったのは2年秋の県大会準々決勝、桐光学園戦だった。

2安打零封で、7―0の七回コールド勝ち。三塁すら踏ませない快投は、苦い思い出から生まれた。その年の春季県大会4回戦。桐光戦で救援した白村は、「8球連続ボール」という失態を演じ、0―7の七回コールド負けを喫した。

「あの鬱憤を晴らしたかった。アドレナリンがすごかったですね」

見事な意趣返しの逸話が示すように、好不調の波が大きい投手だった。普段のテンションもそうで、

慶応出身の現役プロ選手で、最も実績を残している白村

記者コラム

当時のスクラップには、捕手の植田忠尚とのこんなやりとりが残る。

「今の球いいよね？　明日もいけるかな」と白村が問うと、植田が「明日のことなんて知らねえよ」。エースの操縦には、受け止めるだけではなく、受け流すことも必要だったようだ。

日本ハムの中継ぎとして、２０１７年は24試合に登板しながら3敗、防御率４・32。「去年は腕が振れていなかった。今年は中継ぎの柱に、さらには抑えを任されるくらいになりたい」。きっとやってくれるはずだ。

はくむら・あきひろ　慶応―慶大―日本ハム。岐阜県出身。１学年上に夏の甲子園８強に導いた田村圭、只野尚彦という二枚看板がいて出番が少なかったが、潜在能力の高さは早くから認められていた。２年秋には県、関東、明治神宮と無敗のまま日本一に。慶大でも１年秋のリーグ戦から登板し１５０キロ超を計測。２０１３年のドラフト６位で日本ハムに入団し、２年目にはリリーフとして50試合に登板して13ホールドで防御率２・03だった。26歳。

横浜創学館　秋山　翔吾

悔し涙はなかった

「正直、甲子園を目指す雰囲気ではなかったですね。自分はプロになりたくてやっていたけれど、周りは負けて泣くほど必死に取り組んでいたのかな、という冷めた目で見ちゃってました」

2015年にシーズン216安打を放ち、プロ野球記録を樹立した日本屈指のヒットメーカー・秋山翔吾はどこか淡々と、自らの高校時代を振り返る。

2006年7月26日の神奈川大会準々決勝。横浜創学館の主将として臨んだ最後の夏は、その春の選抜大会で5度目の全国制覇を成し遂げていた横浜の圧倒的な力の前に屈した。

センバツ決勝で1試合の大会史上最多得点となる21―0で清峰（長崎）を破っていた横浜の強力打線が、高浜卓也（現ロッテ）を中心に襲いかかった。大会タイ記録となる1試合5本塁打を浴び、2―12の七回コールド負け。監督の森田誠一は、エースの藤谷康玄が「どこに投げても打たれます」と意気消沈していたことを、苦笑交じりに思い起こす。「うちも悪いチームではなかったんだけど、とにかく横浜が強すぎたよね」

3番中堅で出場した秋山はこの試合1安

最後の夏は主将として、主軸として横浜創学館を引っ張った

打。自らの頭上を越えていく打球を目で追うことしかできなかった。

「これだけの力の差を最後の試合で目の当たりにしたので後悔はなかった。やり切ったし、悔し涙はなかったですね」。試合後は晴れ晴れとした表情で、泣きじゃくる仲間たちを慰めた。

秋山が主将として戦った2年秋、3年春夏。3度の公式戦は全て横浜が大きな壁として立ちはだかったが、勝てるチャンスは1度あった。

春の県大会3回戦。全国制覇したばかりの横浜に七回表まで6―3とリードし、一泡吹かせそうになった。しかし、最後は6―9で逆転負け。秋山は四回の守りでライ

5回戦の日大藤沢戦で逆転タイムリー

準々決勝で横浜にコールド負けして仲間を慰める秋山（右端）

ナーに飛びついた際に左手首を骨折。代わりの選手が七回に中飛を落球したことから相手を勢いづかせてしまった。

「横浜は優勝して帰ってきた初戦だったのに、そういう中でも僕らは倒しきれなかった。それでも差が縮まったという感覚があった選手もいたと思う。それが夏になって圧倒的な差になって表れた」

打倒横浜だけを掲げた夏。走攻守そろった逸材として注目された秋山だが、プロ数球団の編成部長が視察に来る直前の試合で足首を捻挫するなど、運にも見放された。

「タイミングが悪かったと何度も言われますけど、それも含めて自分の力。横浜と3回も戦えたのは振り返ると思い出ですね。甲子園で優勝したチームに負けたっていうのは箔が付くじゃないですか」

ただ、卒業後に進んだ本州最北の地で、歯車はかみ合い始めた。八戸大で1年時からレギュラーを獲得し、4年春は4番に座り、優秀選手賞、首位打者、最多打点、ベストナインの4冠を獲得。2010年秋にドラフト3位で西武入りと念願だったプロへの扉をこじ開けた。

15年にシーズン最多安打の金字塔を打ち立て、17年には侍ジャパンとしてWBCに出場。着実に歩みを進める秋山だが、そのルーツは強豪校と比べて劣る環境面を克服し、黙々と練習に取り組んだ高校時代にある。「室内練習場もウエートルームもないし、何とかする工夫は練習量しかなかった。

練習が早く終わったのなら暗くなるまで、プロになるために、やれることをやっておこうと思っていた」

当時のチーム内では実力が抜けており、「煙たがられていたと思う」と笑う秋山だが、仲間への感謝は忘れていない。「控えでも練習に付き合ってくれた仲間もいたので、そのおかげで今の自分があると思う」

ただ、「正直、創学館でもう一度やるかって言われたら難しいと思います」と、名門横浜に敗れ続けた青春を過ごした母校への思いは複雑だ。

「生まれ変わったらどうしますか」という問いに一瞬考え込んで、「俺、いま筒香のことをイメージした。筒香だったら、もう一度、横浜の渡辺監督の下でやりたいですとか言いますよね」

国内屈指のバットマンは続けた。「ただ、横浜高校に行ったからって、レギュラーになって注目されるか分からない。もう一回やっても、プロ野球選手になれるんだったら創学館でもいいかな」

そして、現役球児たちへのメッセージにこそ、母校で学んだことへのプライドが含まれていた。「とにかく続けることに妥協しないでほしい。長く続けないと分からないこともあるし、目の前の楽しみはその場のものでしかない。与えられた環境でベストを尽くすという意味では創学館はすごくいい勉強になったのかな」

（文・木田　亜紀彦）

父の言葉を支えに

3年前から、ひとり親の親子を西武の主催試合に招待している秋山。きっかけは母子家庭に育った自らの経験にある。

幼い頃から野球を教えてくれた父・肇さんががんで亡くなったのは秋山が12歳の時だったという。厳格な父は入退院を繰り返すようになっても、息子には病状を伏せたままだった。

「弱い父親のイメージが湧かなかったので、何で会社を休んで家にいるのかな、風邪でもひいたのかなぐらいの感覚でした」。本来なら時間をかけて投与する点滴を早めに終わらせ、ノックや素振りに付き合ってくれた。グラウンドのそばに止めた車から、試合を見守っていた父の姿は今も脳裏に焼き付いている。

父を失った後、秋山は横浜金沢シニアで本格的に野球を続け、目標をプロ野球選手に定めたという。たとえ辞めたくなっても、いつも相談してきた相手はそこにはいない。野球を続けることが「家族の絆」だった。

記者コラム

高校、大学と練習に打ち込み、夢をかなえる過程で秋山の心を支えてきたのは「どんな環境にいても良い選手は輝くから誰かが見ていてくれる」という、父親が生前、ことあるごとに繰り返していた言葉だったという。

「甲子園は現実的な目標ではなかった」と振り返る秋山

あきやま・しょうご 横浜創学館—八戸大（現八戸学院大）—西武。横浜創学館3年時の2006年神奈川大会で8強。八戸大で活躍し、10年にドラフト3位で西武入り。15年にプロ野球のシーズン歴代最多記録となる216安打をマーク、17年に打率3割2分2厘で初の首位打者を獲得した。同年、日本代表としてWBCにも出場した。横須賀市出身。29歳。

神奈川が生んだ期待の若武者２人がオリックスのチームメートとして、プロの舞台で輝き始めた。橘学苑出身の右腕黒木優太と、横浜隼人出身のスラッガー宗佑磨。無名の高校時代に鍛えられた経験を糧に夢をつかむ。

「どんなに劣勢でも逆転できる雰囲気が隼人にはあった」

宗　佑磨

「高校時代にドラフトされなかったから今がある」

黒木優太

＝宮崎市内

橘学苑　黒木　優太

雑草から咲いた大輪

「神奈川って結局は横浜か（東海大）相模ですからね。どっちか。だけど絶対的に強いところでも負けるかもしれない。高校野球の魅力ってそこかもしれませんね」

自身の橘学苑時代と重ね合わせてそう話す黒木優太。オリックスでのルーキーイヤーで、〝番狂わせ〟をやってのけた右腕だからこその感想だ。

２０１７年は55試合に登板して６勝３敗２セーブ25ホールド。田中正義（ソフトバンク）佐々木千隼（ロッテ）柳裕也（中日）ら華々しくプロ入りした同期の大型新人らを押しのけてみせた。

元女子校の新興勢力・橘学苑で野球部５期生だった黒木は、ほとんど無名の青春時代を過ごした。「グラウンドが狭いから弱いと思われるのは絶対に嫌だったし、限られた環境でどうしたら強豪校に勝てるのか、ずっと考えて練習してきた。だから大学でも成長できたし、プロになった今も、すごく生きている」

高校３年、最後の夏は強豪相手に、真っ向勝負で散った。２０１２年の神奈川大会３回戦。グラウンドは狭く、外野ノックもできない練習環境で育った雑草軍団が、東海大相模と対峙していた。

入学時は遊撃手。「相手の選手全員と戦えるピッチャーには憧れていました」と言うが、まだ野球で生きていくと決めていたわけでもなかった。同期のエース候補が右肘のけがで戦線を離脱した2年秋、監督の石黒滉二から強肩を買われ、チームを支える形で投手に転向したのが大きな転機となった。

晴れ舞台で、黒木は立ち上がりから最速146キロの速球とスライダーで攻めた。だが、0―0の五回1死二塁に、「今でも忘れられない」というビッグプレーが飛び出す。中飛に打ち取った直後、東海大相模の二走が一気にタッチアップでホームにかえってきたのだ。続けざまに3連打を浴び計3失点。「自分もどこかで気が緩んでいた。あれから意識が変わりました」

その秋にはプロ志望届も出したが、ほと

最後の夏は神奈川大会3回戦で東海大相模に7回途中3失点と粘投するも敗れた

んど実績がない右腕の名前が、ドラフト会議で呼ばれることは当然、なかった。

「あの日から、ちゃんと選ばれるためにはどうすべきか、ずっと考えていた。もうこんな思いは絶対にしたくない。だから、頑張れたんです」

その後進んだ立正大も東都大学リーグの2部。1年秋からエースの座をつかんで通算16勝した最速153キロ右腕として、4年後にはドラフト候補に成長したが、名だたる有力候補の中では地味な存在にすぎなかった。

まさに雑草から咲いた大輪の花は、実感を込めてこう語る。「プロになるって、本当にずっと一流だった人以外はちょっとしたきっかけ。高2の秋にピッチャーがいなくて自分がやったことで、結果プロに来られた。もし強い高校に行っていたら埋もれていたかもしれないし、順調に大学に行ってもそこで成長が止まったかもしれない。本当に橘学苑を出てよかったと思っています」

くろき・ゆうた　日吉台中―橘学苑―立正大―オリックス。高校時代は2年秋に投手に転向。3年夏の神奈川大会は3回戦で敗退した。立正大では東都大学リーグ2部で16勝12敗、防御率1・74。オリックスからドラフト2位で指名されて入団した昨季はルーキーながら55試合に登板し、6勝3敗2セーブ25ホールドの好成績を残した。横浜市出身。23歳。

横浜隼人　宗　佑磨

負けん気のスラッガー

横浜隼人の宗佑磨の名が野球ファンに知れ渡ったのは、もちろんあの試合だ。

２０１３年春の県大会準々決勝。前年夏の甲子園で1試合22奪三振の大会記録を打ち立てた桐光学園・松井裕樹（楽天）から、ノーマークの2年生が痛烈な2打席連続安打を見舞ったのだ。

「あの春の一戦。調子が上がっていた松井さんから打たせてもらった。あそこから、僕は注目を浴び始めたんです」

ギニア人の父と日本人の母の間に生まれた左打者は、立ち幅跳び2メートル67という身体能力の高さと、物おじしない性格も魅力的だった。

「試合や練習で監督に怒られると悔しくて。『なんすか？』って歯向かっていってました」

自他ともに認める負けず嫌い。常に感情はむき出しだった。スラッガーの可能性に期待する分、厳しく当たっていたという監督の水谷哲也は「自分に正直で素直な子だった。1年生のころから納得できないことは譲らなかった」と振り返る。

その春も松井と対戦する組み合わせが決まると、水谷は「おまえらの日ごろの行いが悪いから松井なんかと当たるんだ」と喝を入れたという。

だったら、打ってやろうじゃん――。こう思えるのが宗の強みだった。

松井と対戦するまでは、無名の存在だった。中学では軟式野球部で、県大会への出場経験すらなし。高校で野球を続けようとも、考えていなかったという。部員150人を超える横浜隼人での練習は過酷を極め、いつも母に「やめたい」とこぼしていた。

全力疾走でのグラウンド3周。日が落ちても続くティー打撃は1日3千球。「日本の高校野球って、昔の軍隊みたいな名残が強いと思うんですよ。血へどを吐くような練習というか。それが2年半ですよね?

長い長い。正直、もうやりたくないですね」。プロ4年目を迎えても目を見開いて、そう言い切る。

しかし、その言葉とは裏腹に、いつもチームの期待に応えた。3年夏の神奈川大会を控えた6月に右膝を骨折したが、手術で固定したボルトが入ったまま4回戦から復帰すると、準々決勝の桐光学園戦で勝ち越しアーチ。高校最後のホームランで、スカウトの評価も定まった。

ボルトは今も右膝に埋まっている。ドラフト2位の高評価で入団したオリックスでは、膝の痛みに加えて腰痛を発症。3年目の2017年は待望のプロ初安打もマークしたが、18年は2軍スタート…。

3年夏の神奈川大会準々決勝。同点の五回に宗が桐光学園から勝ち越しソロを放つ

名もなき少年が打ち砕いた左の剛腕は、5年がたった今も遠い遠い存在だ。プロでの対戦はもちろん、まだない。

「やっぱり、松井さんに負けたくない。この春のキャンプも1軍に呼ばれなくて、悔しくて悔しくて」

逆転勝ちが多く、「逆転の隼人」と呼ばれたチームが生んだ最強スラッガーは、きっとここから大逆転してみせる。

（文・倉住　亮多）

むね・ゆうま　玉縄中―横浜隼人―オリックス。身体能力が高く、走攻守の三拍子そろった遊撃手として高校1年秋からレギュラー。3年夏の神奈川大会でベスト4に進出した。高校通算26本塁打。オリックスにドラフト2位で入団。けがの影響もあり1、2年目は1軍で結果を残せなかったが、3年目の昨季はプロ初安打をマーク。東京都武蔵野市出身。21歳。

横浜　藤平 尚真

名将最後の傑作

「渡辺監督に出会っていなかったら、僕は普通以下の投手で終わっていました」。楽天の未来を担う若き右腕、藤平尚真は恩師への思いを今も胸に秘める。

高校時代に始めたメールのやりとりは今も続く。150キロ超の直球を武器に1年目の2017年、先発8試合で防御率2・28をマークした19歳は、月に1回は必ず名将に電話し、技術的なこと、精神面のこと、さまざまなアドバイスを受けている。

出会いは千葉市シニアで活躍していた中学時代だ。U—15（15歳以下）日本代表右腕に、浦和学院、大阪桐蔭、日大三など名だたる名門校がスカウトに来る中、横浜の渡辺元智の言葉は違った。

「うちに入ってプロに進めるかどうかは君の頑張り次第だ。もしプロに行きたいのなら、プロで通用するだけの練習と考え方は教えるから」

祖父ほども年の離れた指揮官が、自分が目指す道と同じ方向を向いてくれた。「この人から野球を教わりたい」。その胸に飛び込む決意を固めた。横浜が春夏連覇した1998年に生まれ、祖父や両親が松坂大輔（中日）のような大投手になることを期待していたことも後押しした。

2年生エースとして迎えた2015年の神奈川大会。4回戦で第1シードの県相模原を4安打完封してガッツポーズ

当時、渡辺は孫の佳明（明大）が横浜を卒業する2014年度をめどに勇退を考えていたという。しかし藤平と出会い「もう1年」と自らを奮い立たせたのだった。

メジャーリーグを目指せ―。愛甲猛や松坂、涌井秀章（ロッテ）らを育てる中で培ってきたノウハウをすべて注ぎ込んだ。

「マウンドでの振る舞いから私生活まで全てを教わった」。渡辺もその姿勢にほれ込んだ。「能力も高いし、練習への取り組みも熱心。ピッチャーでは今までで一番の優等生」。磨いた分だけ光る原石だった。

名将最後の作品として大事に育てられ、傑作となっていった右腕は、恩師が繰り返した「目標がその日その日を支配する」という言葉の真意を理解したのが「相模に負けたあの夏だった」と振り返った。

2015年夏。日本中の野球ファンが、勇退する名将の最後の夏に注目していた。2年生エースの藤平は突然の知らせに戸惑っていたが、すぐに気持ちを切り替えた。「最後の夏はより一層、たくさんのことを教わらないといけないな」

その年の春季県大会を制し、小笠原慎之介（中日）、吉田凌（オリックス）を擁する東海大相模への「打倒」が合言葉だった。しかし、ノーシードの横浜は夏の大会に出たことのない藤平が背番号1を背負い、主砲の公家響（明大）、左腕の石川達也（法大）ら2年生中心のチームだった。

「監督も勇退するので優勝を目指してい

たけど正直、相模と戦えるかさえ不安だった」

そんな中、藤平らは5回戦の藤沢翔陵戦から神懸かったように3戦連続の逆転勝ちを飾る。渡辺の采配に選手たちが応え、リリーフ登板を任された藤平の継投のタイミングもはまった。「予言者なんじゃないかなって。何かが見えているかのように言ったことが当たるんですよ。言葉も采配も。選手の士気をマックスまで高めてくれた」

しかし決勝の東海大相模戦。その夏、甲子園優勝投手となる小笠原の剛球に圧倒された。「あれは無理ですよね。打席に立って、これは打てないなと」。七回に杉崎成輝（東海大）にバックスクリーンに運ばれた一発も「外角を狙って少し甘くはなったけど、まさかあれを運ばれるなんて…」。

宿敵に敗れ、名将が勇退した夏を終え、恩師の言葉の「意味を考えるようになった」。1日、1週間、1カ月。スパンに応じた目標を立てた。「この月は何勝、来年は最速何キロの球を投げたい」と、それを今も続けている。

渡辺の監督退任後も、マンツーマン指導は続いた。3年夏は甲子園に出たが、東西の横綱対決と言われた履正社（大阪）との2回戦で敗れた。

悔いはなかったか――。

「ありません」。即答だった。「試合はプロにスカウトされるための試合だった」と割り切っていたからだ。

2年夏の神奈川大会決勝、東海大相模・杉崎に決定的な一発を浴びる

渡辺監督との最後の夏を終え、涙に暮れる

藤平にとっての高校野球とは「戻りたい場所」だ。「プロは何年間もプレーできるけど、高校野球はどんなにすごくても3年間しかできない」。かけがえのない経験がそう言わせる。

名将の下での最後の一戦。0—9の九回。渡辺が攻撃前、ナインに掛けた声が忘れられない。「これが高校野球だ。この経験が次の道へのステップになる」。若きホープは、その教えを信じて階段を上っている。

（文・清水　嘉寛）

（上）３年夏の神奈川大会準々決勝の横浜隼人戦、２打席連続本塁打となる満塁弾を放つ（下）同戦で慶応を下して神奈川制覇の宿願を果たし、増田と抱擁を交わす藤平（背番号１）

聖地のマウンドで躍動。東北（宮城）との1回戦で七回途中1失点に抑える

優等生が思わず本音

藤平が入学した2014年からの3年間は、名門・横浜が大きく変わっていく時代と重なった。

同年夏を最後に現場から退いた元部長のコーチ・小倉清一郎から直接指導を受けた最後の世代になる。名参謀はやはり、当時の1年生に大きな影響を与えていた。

プロに入った今でさえ痛感する。「投内連係やサインプレーの数の多さや細かさで言えば、横浜高校のほうがレベルが高い」。グラウンドで行われる練習は試合を想定したプレーだけ。サインプレーも足の速いランナーを各塁に置き、徹底的に繰り返していった。

U―15日本代表から来たエリートでも容赦なく、「小倉さんに怒られましたね。言っていることが正しすぎてごまかしが利かない」。

走者一塁のバント処理練習。プロの世界でさえ通常はコーチが打球を転がしてスタートするが、ハマの名伯楽は打者がバントを決めにくいコースに投げるシーンからスタートさせた。

記者コラム

「内角高め、バットの一番短いところに投げて強く当てさせて…」。失敗すれば、一からやり直し。「練習中から『プロ野球、プロ野球』と言われてきたおかげで今があります」

では、生まれ変わってもやはり、横浜を選ぶのか――。「行きたいけど、きつくて、レベルも高い練習をもう一度耐えることはできません…」。優等生が思わず本音をこぼした。

人生初の契約更改を終えた直後、取材に応じる藤平。笑顔にはまだあどけなさが残り、年俸増額に「何か親孝行をしたいです」との言葉も優等生そのものだった

ふじひら・しょうま　横浜―楽天。高校2年夏の神奈川大会は準優勝。3年夏に神奈川を制したが、甲子園では2回戦で敗退した。打撃センスも非凡で、高校通算で松坂大輔の14本を上回る21本塁打をマーク。2016年秋にドラフト1位指名を受けて楽天入り。ルーキーイヤーの昨年は8試合に登板し、3勝4敗、防御率2・28。千葉県富津市出身。19歳

東海大相模

小笠原　慎之介

すべて手中の3年間

横浜を5度全国制覇に導いた名将、渡辺元智が挑んだ最後の夏。横浜スタジアムは横浜の応援ムードに染まっていた。

2015年の神奈川大会決勝。そんな追い風を味方に付けても「勝てる気がしなかった」と横浜の2年生エース藤平尚真が感じていたのは、東海大相模に左の剛腕がいたからだった。

タテジマのエース小笠原慎之介は、相手をのみ込んでいた。「負ける気はしなかった。立ち上がりにちょっと力を入れて威圧すれば勝てるだろう」

その言葉通り、全国の頂点まで駆け抜けたあの夏。やりきったはずの優勝投手には、悔いの残る一球があったという。

勇退する渡辺を圧倒した横浜との決勝。九回2死、9―0で完封まであとアウト一つ。打席に藤平を迎えた場面だ。「これも何かの運命なのかな」。一瞬そうは思ったが、最後まで勝負にこだわった。チェンジアップで打ち気をそらす。力ない二飛に打ち取って、歓喜の瞬間を迎えた。

ただ、今、こう思うのだ。神奈川の両雄を牽引する剛腕2人がマウンドと打席で、ボールを通じてもっとメッセージを送り合えたんじゃないか―と。

3年夏の神奈川大会決勝。九回2死から横浜のエース藤平（右）を二飛に打ち取って歓喜の瞬間を迎えたが、現在も「悔いの残る1球」という

「ストレートで内角を攻めていれば、藤平も何か受け取ってくれたかもしれない。チェンジアップで終わってもただ悔しいだけ。僕らの次の年に（甲子園に）出るのはあいつらだって、分かっていたから」。ライバルとして、認めていたからこその思いだ。

「横浜はヒーロー。相模はヒール」。小笠原はタテジマのユニホームに袖を通した入学直後から、そんなイメージを抱いたという。

1年夏の神奈川大会5回戦。藤沢翔陵戦で夏の大会初登板を果たしたが、6点リードの七回からリリーフしながら初失点を喫した。「この大会で投げるチャンスはきっとない。のんびり試合を見よう」。打たれた1年生は、夏のテーマをそんなふうに設定した。

準決勝の横浜戦。「打倒横浜」に死力を尽くす先輩たちを尻目に、ベンチから横浜スタジアム全体をぼんやりと眺めていた。応援団だけでなく、スタンド全体が横浜を応援するメガホンで黄色く染まり、さざ波のように揺れ動いていた。

「相模って応援されないんだなあ」

以来、自分を悪役ヒーローになぞらえて、盛り上がる相手チームの応援を黙らせることに快感を覚えるようになった。思えば、子どものころから大好きなプロレスも、ヒール役を好んでいた。

「褒められるのは嫌いなんです。馬鹿に

されてる気がしちゃうから」

3年夏の神奈川大会決勝も、聞き慣れた横浜の応援歌に闘志をたぎらせたという。

「あの応援歌、いいですよね。自分が応援されている気分になる。これをマウンドから聞きたくて俺は野球をやっているんだって。抑えたとき、あの応援がため息に変わる瞬間がもう最高。拍手はいらない。ため息が欲しかった」

1年夏の神奈川大会5回戦で初登板

甲子園でも圧倒的な力で白星を重ねていったが、宮城・仙台育英との決勝戦では東日本大震災からの復興への願いも相まって、満員の観衆は大半が仙台育英を応援していた。同点に追い付かれた六回以降は観衆がタオルを振り回して沸き立つ中で、千両役者は自ら決勝ホームランを放って優勝を決めたのだった。「もうちょっと格好よくベースを回りたかったなあ。A-ロッド（元ヤンキース）みたいに指を突き上げるポーズをとって。あの場面、テレビでよく使われるんですよ」

小笠原が東海大相模に在籍した3年間。

（上）2年夏、横浜との準決勝。2点リードの九回2死満塁のピンチに吉田（右）からマウンドを継ぎ、背番号13の小笠原が最後の打者を抑える。（下）盛岡大付（岩手）との2回戦で甲子園デビュー

チーム内の空気は打倒横浜、打倒渡辺一色だった。ナインは練習内容を記録する野球ノートに毎日、こう書き殴っていた。

「打倒横浜　日本一」

しかし、小笠原だけはこの伝統を守らなかったという。「打倒横浜ノート？　三日坊主ですよ。俺が相手にしたいのは全国、世界でしたから」

米大リーグへの憧れから野球を続けてきた左腕は、合宿所の自室に目標を書いた紙3枚を貼っていた。

「甲子園優勝」

「高校日本代表入り」

「ドラフト1位」

その全てを手中に収めた3年間だった。

ハマスタと甲子園は僕の庭

2015年に、45年ぶりとなる夏の全国の頂へ登り詰めた東海大相模。東の横綱に最後に土を付けたのが、その春の関東大会準決勝で対戦した浦和学院（埼玉）だった。

直前の選抜大会で4強入りしていた強力打線に、小笠原慎之介は打ちのめされる。「浦学は春にめちゃくちゃ強いから自分の力を試せる。自分一人で勝とう」と最速149キロを計測したが、直球は荒れに荒れ、2本のアーチを浴びた。

試合後には顔面蒼白で「このままじゃ夏に勝てない」と答えた。ただ、真意は違ったという。

「チームを第一にそうしゃべったけど、

本心は単に僕が負けたことが悔しかった。取材の時に答える言葉は、きれいにしゃべっておこうとずっと気を遣いましたね…」

3年春の関東大会準決勝浦和学院戦。この日2本目のアーチを浴び、打球の行方を呆然と見詰める

すべては、監督の門馬敬治へのメッセージだった。「あの時はまだ監督と意思疎通できていなかったし、合わせないと使ってもらえないと思っていましたから」

高校時代、取材に何度も繰り返した言葉がある。

「吉田がいるじゃないですか」

2年夏の神奈川大会決勝で20奪三振を記録し、一足先に名が売れたのはライバルの右腕吉田凌（オリックス）。背番号1は小笠原が奪ったが、神奈川大会の初戦から甲子園の決勝まで、交互に投げることで支え合い、認め合う存在だった。

「吉田はスライダーピッチャー。同じようにスライダーを投げていたら打たれる、じゃあチェンジアップを覚えよう」

吉田の影響で投球スタイルが変化。150キロ超の直球と120キロ台の変化球は、横浜や甲子園の猛者たちを苦しめた。

「直球にこだわってやってきてよかった。ストレートで押し通したことで今もアドバンテージがある。ストレートをずっと練習していたから、プロでも多少のバッターなら抑えられる」

それは闘将・門馬から教わった「アグレッシブ・ベースボール」そのものでもあった。リスクを恐れない攻めの守りや、全力投球という形は、今も左腕に息づいている。「監督にはいつも全力を求められていた。おかげで勝負どころでギアを上げられるようになった」


2017年オフ、高校時代のコーチで現在は部長の長谷川将也から「おまえにキャプテンを任せる話があったんだよ」と明かされ、驚いた。

実際は、指揮官の考えをよく理解し、忠実に選手との橋渡しができた捕手長倉蓮（東海大）がキャプテンとなり、全国制覇した。「僕がキャプテンだったら、優勝できてない。何かを背負い込んで自由にできなかったろうし、チーム内に壁ができる。投手と野手で壁ができたら終わりですよ」

マウンドさながらの冷静さ、視野の広さはグラウンド外でも変わらなかった。「僕は『キャプテン反対派』とよく言ってましたね。長倉のことどう思うって。もちろん

2015年夏、甲子園決勝

①3年夏の甲子園決勝。同点の九回に決勝本塁打を放ち、「今まで一度も野球を楽しいと思ったことがなかった。最後に楽しめた」②頂点をつかんで抱き合う小笠原（右）と長倉の東海大相模バッテリー③九回に決勝アーチを放ち、尊敬する門馬監督（左）と熱い抱擁を初めて交わした④夏の甲子園で45年ぶり2度目の頂点をつかんで母校に凱旋

あいつはいいやつだっていう前提ですけど、僕は裏のキャプテンであろうとしました」

甲子園を制した重みを問われると、屈託なく笑いながらこう答えた。

「甲子園で優勝していなかったらドラフト1位にはなれなかった。でも、あれ（優勝）でさえ外れ1位だから、優勝しなかったら2、3位。契約金の額も変わってきますよね」。高校時代に目標に掲げた甲子園優勝からドラフト1位までの道は直結していた。

神奈川で高校野球を戦えたことの価値は――。問われた小笠原は、小笠原らしい答えを返した。

「すごく大きかった。いまプロで投げている時よりも人が入っていますからね。あの中でやれて幸せだった。正直、ヤクルト戦とかはお客さんがいなくて、草野球やってるの？　みたいな。巨人とか広島、ソフトバンク戦も観客が多いと燃えるから、抑えちゃう」

神奈川という枠を飛び越えて頂をつかんだ左腕は「ハマスタと甲子園は僕の庭」だと言う。プロの世界でも、変わることなく輝いてくれるだろう。

（文・清水　嘉寛、倉住　亮多）

いつか立場逆転したい

「2人で甲子園優勝しようって、ずっと目標を持ってやってきた」。ダブルエースの一人として東海大相模の日本一を支えたオリックス・吉田凌は、小笠原としのぎを削った高校時代を振り返った。

2年夏の神奈川大会決勝で大会タイ記録の20奪三振。小笠原以上に注目を集めたが、その秋に腰のけがに見舞われた。翌春、大黒柱は小笠原になっていた。プロ入り後も左腕の背中を追う日々。昨季、吉田はプロ初登板も三回途中6失点KO。一方、小笠原は22試合でプロ初完投勝利を含む5勝を挙げた。

「あいつだけは意識しますね。オコエ（楽天）とか平沢（ロッテ）とか同期はいるけど、彼らが活躍しても何も思わない。だけど小笠原が1軍で勝つと、祝福の気持ちと悔しい気持ちが湧いてくる。僕にとっての、一番の刺激剤なんです」

2017年秋、卒業後では初めて2人で食事に行った。焼き肉を頬張りながら、思い出話に花を咲かせた。「お互いに口をそろえて『昔のまんまだな』って笑いましたよ」。ライバルとして、親友として、かけがえのない存在だ。

記者コラム

高校時代に日本一となった2人は「日本シリーズで投げ合おうな」とプロでも目標は大きい。「今季はまずプロ初勝利。いつか立場を逆転してやりたいです。あいつにいつまでも上にいられるのも、気持ち良くないですからね」

甲子園で勝ち進み、意気込みを語る小笠原（右）と吉田

「小笠原は僕の一番の刺激剤」と語る吉田＝宮崎市内

よしだ・りょう　東海大相模―オリックス。2年夏の神奈川大会決勝で20奪三振。3年夏の甲子園は小笠原慎之介との二枚看板で日本一を達成した。ドラフト5位でオリックス入団。兵庫県西脇市出身。20歳。

やりきると野球は楽しい

―生まれ変わったらまた東海大相模を選ぶか。

選ばないです。同じところに進んでもきっと同じようにはならない。私立はお金がかかるし、公立でのんびり野球を楽しんでるかな。それでプロ野球を諦めて、勉強を真面目にやって。柔道整復師にもなりたかったんですよ。

―野球をやっている子どもにメッセージを。

とにかく野球を楽しんでほしい。高校野球がきついから大学で野球を続けない人が多いけど、高校で野球を嫌いにならないでほしい。楽しいなら準硬式でも草野球でも続けてほしい。

―その心は。

僕もしばらくは楽しくなかったけど、やりきるとやっぱり楽しいんですよ。優勝すると楽しいですもん。

―高校の仲間たちは大学で野球を続けている。

じゃあ、プロ入りは2年後か。僕もクビにならないようにしっかりこの世界で待っている。でも、僕はあいつらが入ってきた時点で何倍かはお金を稼いでいないといけない。「やっぱり高卒で入ると違うな」って思わせたいんですよ。

——吉田凌もオリックスで頑張っている。

あいつが1軍で投げた時に「お疲れさま」って連絡したら「プロの洗礼浴びましたわ」って返事来て。「実力でしょ」って言ってやった。

おがさわら・しんのすけ　東海大相模—中日。3年夏の神奈川大会は4試合に登板し、愛甲猛（横浜）もマークした防御率0・00を達成。甲子園では史上初となる「決勝で優勝投手による決勝打」を記録した。藤沢市出身。20歳。

東海大相模での3年間を笑顔で振り返る小笠原＝名古屋市内

桐光学園

松井　裕樹

伝説の22奪三振

2012年8月9日。桐光学園の松井裕樹はこの日、100年を超える高校野球史の1ページとなった。

甲子園の1回戦。第3試合に登場した2年生左腕は聖地のマウンドを純粋に楽しんでいた。その様は全国49代表校のエースの一人。ただ一つだけ違ったのは、目を疑いたくなるような変化球を持っていることだった。

一回、三振、三振、四球、三振。140キロ超の速球と大きく曲がり落ちるスライダーにスタンドはざわめき、今治西（愛媛）の選手は狐につままれたように、ダッグアウトへと戻っていく。

三回、ようやく打球が前に飛ぶ。六回、初ヒット。だが、そのとき既に試合の関心は果たしていくつ三振を重ねるかに絞り込まれていた。

右翼手だった水海翔太（法大）は振り返る。「相手のアルプス席に一番近い所を守っていたから、どんどん静かになっていくのが分かるんです」。自軍のエースが三振を取るのはいつものこと。ただ、快挙にはまだ気付いていない。

139球目、最後の打者も空振り三振で締め、松井はぺろりと舌を出した。大会新

高校2年夏。22奪三振の快投で一躍スターダムにのし上がった松井裕樹

22奪三振の一方、打席では3ラン

記録22個目の三振だった。
「人生だったり、野球史において転機が起きたのは間違いない」とは言いながらも、5年以上がたった今も松井の受け止めは変わらない。「予選で三振を20個取って負けるチームもある。試合に勝てたことが一番。数字に関しては思うところはない」。今も昔も数で語られるのは好まない。

2回戦も常総学院（茨城）から19奪三振、3回戦では浦添商（沖縄）から12奪三振で勝利し、創部初のベスト8へ導いた。準々決勝の光星学院（青森・現八戸学院光星）に敗れはしたが、4試合通算68奪三振。語り継がれる偉業はしかし、始まりにすぎなかった。

その夜、監督の野呂雅之から部屋に呼ばれ、言葉を掛けられた。
「松井落ちたねって言われたくないよね。2年の夏がピークにならないように頑張っていこう」

3回戦も12奪三振で創部初のベスト8へ。一躍、時の人となったが、取材にはまだ初々しさが残る

今もなお、左腕の脳裏にはその言葉が情景とともに深く刺さっているという。

誰もが認める進化を目指したが、自身を取り巻く著しい環境の変化に、戸惑いは大きかった。

「もともと注目されるのは好きじゃない。

1年生ながら決勝の先発マウンドに立ち、乙坂智（横浜DeNA）、近藤健介（日本ハム）、柳裕也（中日）らを擁す横浜と相対した

もう見ないでくれって感じだった」

新チーム結成後は公式戦はもちろん、招待試合、練習試合、自らが登板しない日にも、メディアが押し掛け、松井を追った。

周囲が過熱する中、秋は県の準々決勝で平塚学園に屈し、選抜大会への道は閉ざされた。翌春は4回戦で横浜を3―0で13奪三振完封した後、好左腕齊藤大将（明大―西武）の桐蔭学園に決勝で敗れた。

「春は桐蔭が優勝したし、平学には熊谷（拓也・法大）といいピッチャーがいた。レベルが高い学校がたくさんあったから簡単に勝ち抜けないと思っていた」

打倒松井を掲げ、牙をむく全てをなぎ倒すため、150キロに迫るまでになった直球、スライダーに加え、新球チェンジアップにも磨きをかけた。

「高校で完成するようなタイプではないと思っていた。それよりも1年で試合で投げて、2年で甲子園に出て、3年で甲子園で優勝というプランを立てていた」

2年までは順調だった。3年春も自らが登板した試合は無敗だった。

ただ──。「3年かけて準備する。それがぶつかるドラマがある。プロ野球では起こり得ない逆転劇、番狂わせが起きてくるのが高校野球ですよね」。パ・リーグを代表するクローザーの胸を、あの夏の切なさがくすぐる。

2013年7月1日、松井は選抜大会王者の浦和学院（埼玉）を相手に圧巻の投球を繰り広げた。18奪三振1安打完封。一報はその夜、神奈川の指導者たちが集う「監督会」の席をざわつかせた。

だが、本来甲子園で見せるはずだったベストピッチングはこの一戦となってしまった。

「人生はやはり甘くないですね」

豪腕の前に、名門の意地が立ちはだかった。

「神奈川は目の肥えたファン多い」

それは宿命だったのか──。全国屈指の怪腕が集大成を迎えた2013年の夏。桐光学園・松井裕樹は準々決勝で散った。

「準決勝、決勝にピークを合わせるように調整していたけど、（自分たちの力を）

過大評価していたのかもしれない。負けた以上言い訳にしかならないんですけどね」

夏の横浜とは3度目の対戦だった。1年夏は決勝で先発し、近藤健介（日本ハム）、乙坂智（横浜DeNA）らに惜敗。2年夏は準々決勝で雪辱し、甲子園での快投につなげていた。

そして最後の夏。横浜のレギュラーは2年生が8人。しかも、春の県大会は4回戦で13奪三振で完封していたのだから、松井がこの対戦を通過点ととらえていたとしても無理はなかった。

当時、横浜を率いた渡辺元智は「同じ相手に3度続けて負けるわけにはいかない」と檄を飛ばしていた。

名将の孫で、一塁手だった佳明（明大）は「対策は相当やりましたね」と、打倒松井に燃えた夏を振り返る。室内練習場には夜ごと金属音が鳴り響いていた。

2台あるピッチングマシンのうち、一台は145キロに設定し、打席の前に立たせて体感で150キロを超える速球を打ち返した。もう一台はスライダーを最高速にセットし、見極めさせた。夜ごと行われた対策は、コーチの小倉清一郎の分析がベースにあった。

横浜スタジアムで行われた7月25日の決戦。横浜は打順を組み替えた。「あのスライダーは左打者の方が打てる」。小倉は左の好打者3人をポイントと考え、4番の高浜祐仁（日本ハム）の前に並べた。

松井の言葉からも、その意図を推し量れる。「あの頃はチェンジアップを左打者には使っていなかった」

一回、桐光が先制するもその裏、松井が「一番警戒していた」という先頭の川口凌（法大）に、いきなり高めのスライダーを左中間へ二塁打される。得点には結びつかなかったが、横浜打線が見せた兆しは、実りとなって松井に襲いかかる。

四回、高浜が浮いたチェンジアップをバックスクリーンへ運ぶと、桐光は七回、大嶋悠太（中大）のソロで突き放す。一進一退の攻防。決したのは新たなスターの一発だった。

調子を落とし2番に入った浅間大基（日本ハム）。プロ注目の左の大砲は、七回1死一塁からの初球、甘く入った直球を一閃した。打球は快音を残し、右翼席で跳ねる。破顔してダイヤモンドを駆け抜ける2年生スラッガーが世代交代を告げた。

それでも、松井は最後まで矜持を保った。「全ての最後を三振で締めたのが自分らしい」。八回、高校最後のマウンドは三者三振だった。

あの夏の狂騒を松井はこんなふうに記憶する。

「自分自身に期待を掛けすぎて、それに応えられるかというプレッシャーは感じていた」

夏が近づくにつれ、ムードメーカーの口数は目に見えて減っていった。重圧を力に変え腕を振った。

松井裕樹の夢を打ち砕いたのは横浜・浅間（日本ハム）の逆転2ランだった。高校3年最後の夏は準々決勝敗退。涙でグラウンドを去った＝2013年7月25日、横浜スタジアム

ドラフト1位で楽天に入団。巣立ちを前に、恩師の野呂雅之から送られた言葉が忘れられない。「いるだけで自然と笑顔になるような、人に影響を与えられるような人間になってほしい」――。

奪三振で耳目を集め、一躍スターダムに上がった。でも、本当のスターは記録ではなく、記憶で語られる。

今、仙台の街を歩けばいかに松井裕樹が

地元のファンに愛されているかが分かる。

九回裏、スタンドのファンは背番号1の登場とともに勝利を確信する。杜の都に響く大歓声が、恩師の教えが息づいていることを感じさせる。

ただ、神奈川が生んだナンバーワン左腕は、どんなに高みに登ろうとも、自らの原点である灼熱の横浜スタジアムを忘れない。

「神奈川は全国で一番と思っている。誇れる、目の肥えたファンがたくさん見に来てくれる。そのファンを驚かせるような球児がたくさん出てきてくれたらうれしい」

（文・須藤　望夢）

（上）「世界一の左腕」と黒板に書き、ポーズをとる
（下）母校の桐光学園高の卒業式に出席し、黒板に寄せ書きが書かれた教室で笑顔

桐光じゃなきゃ今の自分ない

「最後に形では表せなかったけどこうして成長させてもらったのは監督、コーチや仲間。桐光学園じゃなきゃ今の自分はないと間違いなく、自信を持って言える」

松井がインタビュー中に一番の笑顔を見せたのは仲間との日々に触れたときだっ

高校2年夏。塩脇政治部長と密談？しながらウオーミングアップ

た。22奪三振を打ち立てた甲子園でも、宿舎に帰れば誰かの部屋に集まってゲームに興じる普通の高校生だった。

「クラスでも紙パックのジュースにストローを2本さして、仲が悪い人間同士で飲ませて仲直りしろっていう催しとか。そういうのが日常にあるんですよ」と松井。水海はそんな豪腕の素顔にうなずき、「毎年集まるとき、プロだからやっぱり身構えるんですけど、変わらない。いつまでも昔のまま」と笑う。

大学に進んだ「松井世代」の球児は卒業の年を迎えた。ある者は再びプロの世界で相まみえ、ある者は野球から離れ、社会人として歩み出す。

主軸として間近で松井を見てきた水海は4月から就職する道を選んだ。野球から離れる元スラッガーに、松井と対戦してみたいと思わなかったのかと聞いてみた。

3年夏の5回戦、横浜商大戦でコールドを決める満塁弾を放った水海翔太（左）を笑顔でたたえる松井裕樹＝2013年7月22日、保土ケ谷・神奈川新聞スタジアム

「絶対打てない。練習で対戦しても少し力を抜いているのが分かる。あいつがいたから甲子園に行けたしいろんな経験ができた。同じチームで良かった」

初めて純粋に楽しんだ試合

豪腕が高校時代最も楽しかったゲームとして挙げるのは甲子園でも、神奈川大会でもない。3年春の関東大会2回戦、花咲徳栄（埼玉）戦だ。「くっすーたちと戦って延長戦になったけどいつまでも続いてほしいと思った試合ですね」。〝くっすー〟とは2018年、ドラフト8位でベイスターズに入団した楠本泰史（東北福祉大）。松井は「初めて純粋に楽しんだ試合」と満面の笑みを浮かべる。

出会いは横浜市の山内小6年のとき。「一緒に野球やらない？」。転入生の楠本に、最初に声を掛けたのが松井だった。

関東大会での対戦は5打数1安打1三振。楠本は「松井のすごさを思い知った。

やっぱり縦のスライダーがえぐい」。旧友との距離を感じると同時に、得るものも大きかったという。「どんなにすごいピッチャーがきたとしてもあいつ（松井）は超えられないと思うようになった」

くしくも東北福祉大時代は楽天の守護神として羽ばたく松井と同じ仙台で４年間を過ごし力を蓄えた。

「松井は天狗になっているんで、誰かが鼻をへし折らないといけませんね。まだまだ遠いけど頑張らないと」。少年同士のたわいない会話から10年。再び交わった道を歩んでいる。

「神奈川は全国で1番」と語る松井＝仙台市内

まつい・ゆうき　山内中（青葉緑東シニア）―桐光学園―楽天。２年夏の甲子園で１試合22奪三振の新記録を樹立。大会歴代３位の１大会68奪三振の快投で８強進出に貢献した。ドラフト１位で楽天入りし、抑えに転向した２年目の２０１５年に防御率０・87、33セーブをマーク。17年には日本代表としてワールド・ベースボール・クラシック（ＷＢＣ）にも出場。プロ４年間で通算96セーブ。横浜市出身。22歳。

アーカイブズ編 Ⅲ

笑顔、熱狂、狂騒のパレード

K100 Archives

誇らしげなナインと、「おらが町」のヒーローをたたえる人々。勝利の凱旋行進もまた、高校野球を飾る一ページだ。1960年夏、61年春の法政二、70年夏の東海大相模、71年夏の桐蔭学園、73年春の横浜…。甲子園を制した彼らはオープンカーで伊勢佐木町などを通って母校へ帰った。

珍しい「準優勝パレード」があったのは72年夏だ。秦野は前年の甲子園覇者・桐蔭学園を打ち破る快進撃で、神奈川大会決勝まで勝ち進んだ。

テレビ神奈川が開局し初めて中継したこともあり、市内ではアンテナの注文が殺到。決勝で東海大相模に敗れたものの、ナインは多くの市民に出迎えられ、夕暮れの商店街を練り歩いた。

79年夏には46年ぶりの夏の甲子園出場

神奈川大会決勝に進出し、秦野市民を沸かせた〝ハダコウ〟（秦高）ナインが、準優勝旗を掲げて凱旋。街頭テレビが設置された大秦野駅（現在の秦野駅）前から商店街をパレードし、行く先々で拍手喝采のねぎらいを受けた＝1972年7月31日、秦野市

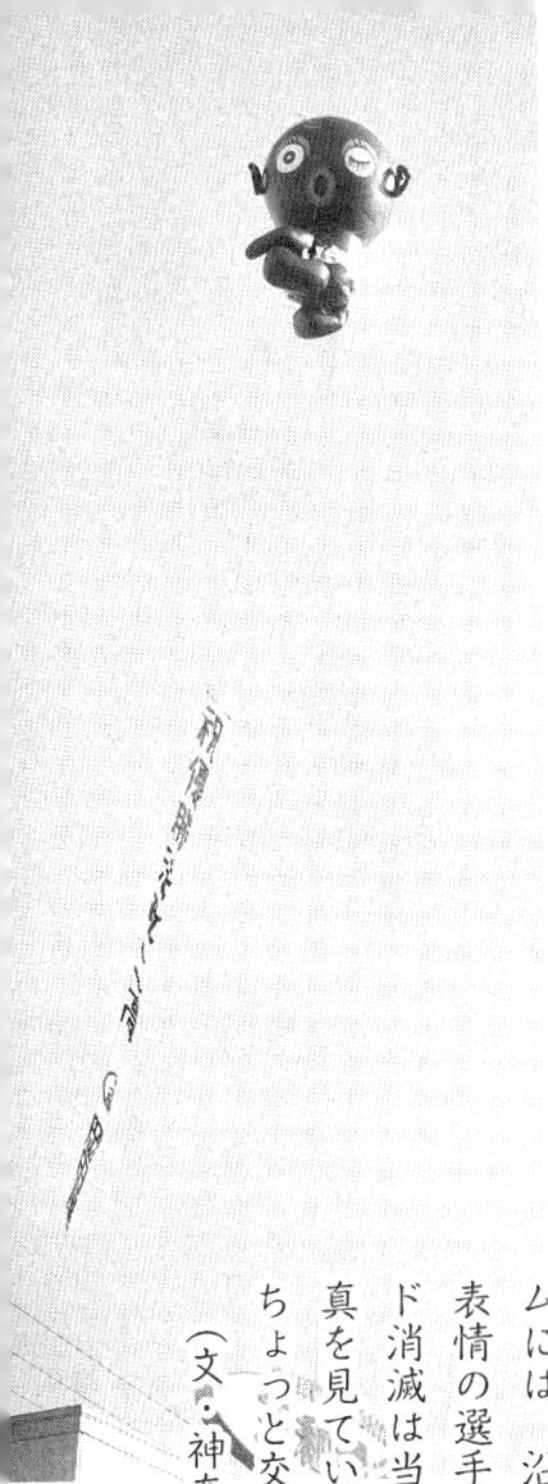

法政二が甲子園初優勝。川崎駅東口の岡田屋（現在の川崎モアーズ）では、当時大流行した「ダッコちゃん」型のアドバルーンに「祝優勝法政二高」の文字幕を付けてパレードを迎えた＝1960年8月21日、現在の川崎市川崎区

を決めた横浜商（Y校）ナインが、ハマっ子の熱狂に応える形で横浜スタジアムから歩いて同校に戻り、即席パレードとなった。

　愛甲猛らの横浜が80年夏に全国制覇した際は、万単位の群衆が新横浜を埋め尽くした。一目見ようとよじ登る人で、駐車車両の屋根はボコボコ。女子高生は貧血を起こし、怒声が飛び交った。

　この狂騒を機として、神奈川の高校野球からパレードは消えた。当時のフィルムには、沿道の笑顔とは対照的に疲れた表情の選手が並ぶ。それを思えば、パレード消滅は当然の措置だろう。それでも写真を見ていると、この華やかな喧噪に、ちょっと交ざってみたい気もする。

（文・神奈川新聞アーカイブズ　平松　晃一）

（右）甲子園準優勝盾を掲げ武蔵小杉の街を練り歩く法政二ナイン。この年から5年連続で甲子園に出場した＝1957年8月22日、現在の川崎市中原区
（左）横浜市内をパレードし、夜になって母校へ帰った東海大相模ナインを迎える、地元のちょうちん行列＝1970年8月22日、相模台商店街（現在の相模原市南区）

前年の東海大相模に続き初優勝を飾った桐蔭学園のパレードは、伊勢佐木町の人波にしばしば立ち往生。沿道からは握手を求める手が伸び、拍手が湧き起こった＝1971年8月17日、横浜市中区

興奮冷めやらぬ横浜スタジアムからそのまま伊勢佐木町へと繰り出したＹ校ナイン。古屋文雄監督のまな娘を先頭に、商店街を突き抜け、ついには同校まで約1時間の大パレードになった＝1979年7月29日、横浜市中区

K100 Archives

甲子園初優勝の東海大相模ナインが、新幹線でファンの待つ新横浜駅へ。原貢監督（左から2人目）の手には祝電の束。新横浜駅への凱旋は初＝1970年8月22日

K100 Archives

（上）荒木大輔擁する早実を下し、深紅の大優勝旗を持ち帰った横浜ナインを一目見ようと、新横浜駅前には約2万人が出迎え。群衆に囲まれ、パレード先頭の愛甲主将（中央）、渡辺監督（右）の顔もどこか不安そう
（下）午後9時前、ようやく母校にたどり着いた横浜ナインは、詰めかけたファンと校歌を大合唱。「事故が起きなかったのが不思議なくらい」の熱狂は、最高潮に達した ＝1980年8月23日、横浜市

「平成の怪物」松坂大輔投手（中央）のノーヒットノーランで春夏連覇を成し遂げた横浜。新横浜駅に降りると、約3千の人垣を足早に抜けバスで母校へ。安全を考慮して閉められたバスの窓のカーテンが、ファンの〝カーテンコール〟で再び開き、歓声が湧く一幕も＝1998年8月23日、横浜市港北区

みんなで選ぶ神奈川高校野球
ベストナイン編

「みんなで選ぶ神奈川高校野球ベストナイン」は、神奈川新聞社と県ケーブルテレビ協議会かながわCATV情熱プロジェクトとの共同企画。ことし(2018年)1月から4月にかけて、本紙読者や全国の高校野球ファンらを対象に、はがきやファクス、フェイスブックで投票を受け付けた。昭和編に計6870票、平成編に計7261票が寄せられた。

結果発表

平成

右投手

① 松坂　大輔（横浜） 378
② 菅野　智之（東海大相模） 104
③ 田沢　純一（横浜商大） 53
④ 川村　丈夫（厚木） 33
⑤ 涌井　秀章（横浜） 27
⑥ 館山　昌平（日大藤沢） 21
⑦ 河原　純一（川崎北） 13
⑧ 筑川利希也（東海大相模） 10
　石井　　貴（藤嶺藤沢） 10

左投手

① 松井　裕樹（桐光学園） 329
② 小笠原慎之介（東海大相模） 104
③ 山口　鉄也（横浜商） 88
④ 成瀬　善久（横浜） 70
⑤ 菊地原　毅（相武台） 25
　石井　裕也（横浜商工） 25
⑦ 河原　隆一（横浜商） 22
⑧ 中林　伸陽（慶応） 5

捕　手

① 高木　大成（桐蔭学園） 232
② 近藤　健介（横浜） 151
③ 小山　良男（横浜） 149
④ 福田　永将（横浜） 64
⑤ 原　　俊介（東海大相模） 62

一塁手

① 後藤　武敏（横浜） 423
② 副島　孔太（桐蔭学園） 96
③ 田中大二郎（東海大相模） 66
④ 石井　正浩（桐光学園） 36
⑤ 圓垣内　学（横浜創学館） 35

二塁手

① 田中　広輔（東海大相模） 312
② 鈴木　大地（桐蔭学園） 153
③ 松本　　勉（横浜） 133
④ 武藤　孝司（横浜商） 40
⑤ 早坂　圭介（横浜商工） 32

三塁手

① 筒香　嘉智（横浜） 492
② 森野　将彦（東海大相模） 91
③ 茂木栄五郎（桐蔭学園） 63
④ 紀田　彰一（横浜） 48
⑤ 岡本　龍二（山北） 4

遊撃手

① 平野　恵一（桐蔭学園） 251
② 平馬　　淳（横浜） 128
③ 杉崎　成輝（東海大相模） 94
④ 宗　　佑磨（横浜隼人） 92
⑤ 尾形　佳紀（日大藤沢） 87

外野手

① 高橋　由伸（桐蔭学園） 406
② 鈴木　尚典（横浜） 363
③ 秋山　翔吾（横浜創学館） 324
④ 多村　　仁（横浜） 190
⑤ 大田　泰示（東海大相模） 161
⑥ 小池　正晃（横浜） 142
⑦ 増田　　珠（横浜） 128
⑧ 斉藤　宜之（横浜） 113

監　督

① 渡辺　元智（横浜） 434
② 門馬　敬治（東海大相模） 75
③ 土屋恵三郎（桐蔭ほか） 68
④ 野呂　雅之（桐光学園） 50
⑤ 上田　　誠（慶応） 26

※数字は票数

投票結

昭和

右投手

① 柴田　勲（法政二）199
② 三浦　将明（横浜商）137
③ 永川　英植（横浜）79
④ 若田部健一（鎌倉学園）70
⑤ 島野　修（武相）32
　渡辺　泰輔（慶応）32
⑦ 野村　収（平塚農）22
⑧ 大沢　啓二（県商工）19

左投手

① 愛甲　猛（横浜）251
② 山本　昌広（日大藤沢）120
③ 阿波野秀幸（桜丘）84
④ 志村　亮（桐蔭学園）52
⑤ 村中　秀人（東海大相模）51
⑥ 木田　勇（横浜一商）34
⑦ 宮城　弘明（横浜商）30
⑧ 村上　雅則（法政二）25

捕手

① 土屋恵三郎（桐蔭学園）284
② 片平　保彦（横浜）181
③ 吉田　博之（横浜）71
④ 奈良　正治（法政二）40
⑤ 善波　達也（桐蔭学園）31

一塁手

① 津末　英明（東海大相模）387
② 長内　孝（桐蔭学園）93
③ 飯田　徳治（浅野中）61
④ 奇本　芳雄（武相）45
⑤ 峯尾　晃（桐蔭学園）29

二塁手

① 安西　健二（横浜）286
② 大島　公一（法政二）134
③ 竹之内雅史（鎌倉学園）79
④ 苅田　久徳（本牧中）73
⑤ 小坂　佳隆（法政二）33

三塁手

① 原　辰徳（東海大相模）475
② 田代　富雄（藤沢商）113
③ 是久　幸彦（法政二）22
④ 高須　清之（桐蔭学園）11
⑤ 脇村　春夫（湘南）8

遊撃手

① 水上　善雄（桐蔭学園）252
② 渋井　敬一（桐蔭学園）131
③ 上野　貴士（横浜）119
④ 井尻　陽久（東海大相模）57
⑤ 幕田　正力（法政二）53

外野手

① 荒井　幸雄（横浜商）370
② 高木　由一（渕野辺）277
③ 高橋　智（向上）240
④ 関川　浩一（桐蔭学園）190
⑤ 長崎　誠（横浜）172
⑥ 中村　大伸（横浜商）129
⑦ 高井　一（横浜）121
⑧ 的場　祐剛（法政二）109

監督

① 渡辺　元（横浜）384
② 原　貢（東海大相模）167
③ 古屋　文雄（横浜商）94
④ 田丸　仁（法政二）38
⑤ 木本　芳雄（桐蔭ほか）27

※数字は票数

これが神奈川最強チームだ―。今夏の第100回全国高校野球選手権記念大会を前に、神奈川新聞社などが選定する「みんなで選ぶ神奈川高校野球ベストナイン」の投票結果がまとまり、昭和、平成編の計20選手が決まった。高校野球ファンらからよせられた有効投票総数は1万4131票。最多得票は平成編・三塁手部門の筒香嘉智さん（横浜）。学校別では昭和編に横浜、桐蔭学園、東海大相模から2人ずつ、平成編に横浜から最多の4人が入った。

昭和編の得票数トップは三塁手の「若大将」原辰徳さん（東海大相模）。チームメートで一塁手の津末英明さんとともに選出された。右投手の柴田勲さん（法政二）、左投手の愛甲猛さん（横浜）、捕手の土屋恵三郎さん（桐蔭学園）、二塁手の安西健二さん（横浜）はいずれも全国優勝経験者だ。

桐蔭勢が争った遊撃手は、水上善雄さんが渋井敬一さんを抑えて先輩の貫禄を見せた。外野手は荒井幸

平成編・得票数トップ1・2

筒香嘉智（横浜）

後藤武敏（横浜）

雄さん（横浜商）が最上位、マシンガン打線生みの親の高木由一さん（渕野辺）が2位に入り、「デカ」こと高橋智さん（向上）が続いた。

平成編の右投手は「怪物」松坂大輔さん（横浜）。侍ジャパンのエース菅野智之さん（東海大相模）らを抑えた。同期で一塁手の後藤武敏さん（横浜）も名を連ねた。左投手は1試合22奪三振の甲子園記録を樹立した松井裕樹さん（桐光学園）。豪腕2人を捕手・高木大成さん（桐蔭学園）がリードする。二遊間を田中広輔さん（東海大相模）と平野恵一さん（桐蔭学園）が守る。接戦の外野手部門は現巨人監督の高橋由伸さん（桐蔭学園）がトップ。ヒットメーカーの鈴木尚典さん（横浜）、秋山翔吾さん（横浜創学館）が続いた。

監督部門は昭和、平成編とも全国制覇5度の名将・渡辺元智さん（横浜）が最多得票。東海大相模の師弟に当たる全国制覇2度の原貢さん、同3度の門馬敬治さんが次点だった。

昭和編・得票数トップ1・2

原 辰徳（東海大相模）

津末英明（東海大相模）

（本文中の数字は票数、学校名は在籍当時）

投票結果を伝える神奈川新聞本紙（2018年6月12日付）

7 スポーツ　2018年（平成30年）6月12日　火曜日　かながわスポーツ

K100

三塁は原さんで決まり

渡辺氏が選ぶ夢のオーダー 昭和

先発は愛甲さん、そして柴田さんに継投かな。左右の本格派を使うけど、柴田さんは制球が抜群で試合を作れるし、ビッグゲームの経験と度胸で安心して任せられる。打線もいいから3番まで任せたい。左打者で言えば荒井さんという気もするね。村中さんも絶対的な変化球カーブを持っていて、あれは打たれない。

土屋さんはインサイドワークがいい。肩も強い捕手で、とも肩がすごく強いわけではないが、捕ってからが速い。先発が愛甲さんならバッテリーを組んでいた吉貴さんもいい。

一塁の津末さんは4番、バッティングでの勝負だね。守りを固めるなら長内さん。2番・二塁は安西さんだろうけど、竹之内さんもいい。三塁の原さんは間違いないでしょ。私が監督なら田代さんを一塁で使いたいね。遊撃は水上さん。上野は本当に上手なショートだけど打撃は水上さんが一枚上。水上さんの9番は面白いと思う。守りを重視するなら上野だね。

外野は打って守れる荒井さんが軸で1番は一番だね。昭和の時代は原貢は打撃、守りはセンターが担う感じだった。高橋さんや高木さん、長崎、関川さんといい、いいバッターがそろっていた。長崎は江川卓さんが嫌がっていたぐらいだから。

昭和
- 8 荒井
- 4 安西
- 5 原
- 3 津末
- 1 柴田
- 7 高木由一
- 9 高橋智
- 2 土屋
- 6 水上

渡辺氏が選ぶ夢のオーダー

昭和編、平成編ともに監督部門の1位に輝いた渡辺元智・前横浜監督に、"夢のオーダー"を組んでもらった。

◇

全ての選手を見ている訳ではないので、高校時代の実績を基準にしてオーダーを考えた。昭和チームは、指揮するとなると難しい。右打ちで緻密な田丸さん（法政二）の野球、豪快な原さん（東海大相模）の野球が混じって、そこに横浜の選手もいる。多文化の、サッカーの代表チームみたいで、監督の手腕が問われそうだな。

その点、平成は比較的、動かしやすい。野球理論が進化してきて、私が監督をやっても、東海大相模の門馬監督が指揮を執っても、さほど違和感なくできると思う。

これだけのメンバーが集まると、監督としての仕事はどれだけ選手に気持ちよくやってもらうか。練習で鍛えられた選手だから、自分で動ける。監督が動くのは、本当に必要なときだけでいいんじゃないかな。（談）

どっちが強い？

大相模）らを抑えた。同期で一塁手の後藤武敏さん（横浜）も名を連ねた。左投手は1試合22奪三振の甲子園記録を樹立した松井裕樹さん（桐光学園）。左腕2人を捕手・高木大成さん（桐蔭学園）がリードする。

二遊間を田中広輔さん（東海大相模）と平野恵一さん（桐蔭学園）が守る。接戦の外野手部門は現巨人監督の高橋由伸さん（桐蔭学園）がトップ。ヒットメーカーの鈴木尚典さん（横浜）、秋山翔吾さん（横浜創学館）が続いた。

監督部門は昭和、平成編とも全国制覇5度の名将・渡辺元智さん（横浜）が最多得票。東海大相模の師弟に当たる全国制覇2度の原貢さん、同3度の門馬敬治さんが次点だった。

（数字は票数、学校名は在籍当時）

	1	2	3	4	5
昭和	0	1	1	0	0
平成	2	0	0	0	0

夏の大会会場でK100特別縮刷版販売します
かなスポ

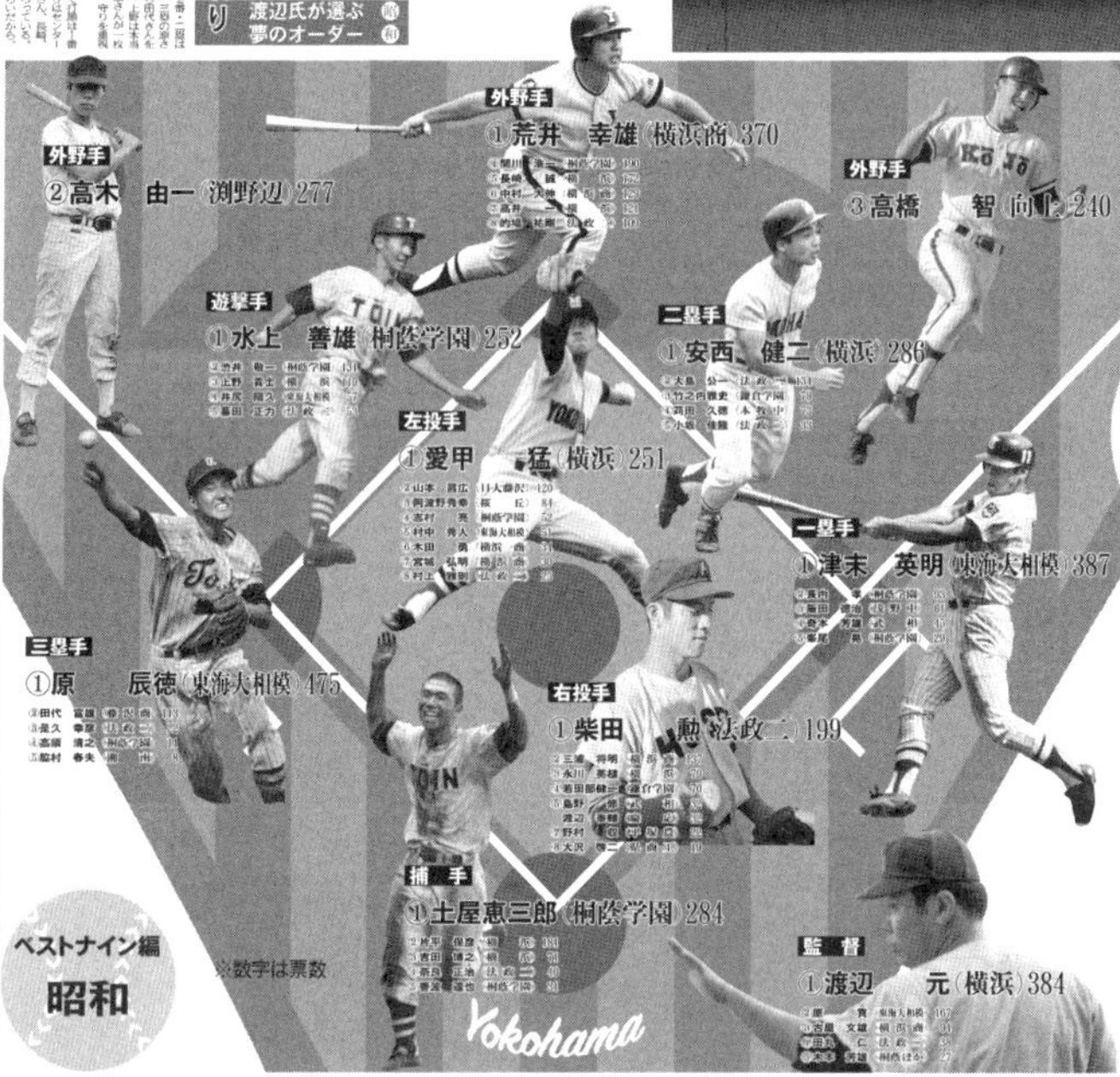

次回（13日）は「ベストナイン編・昭和」です。

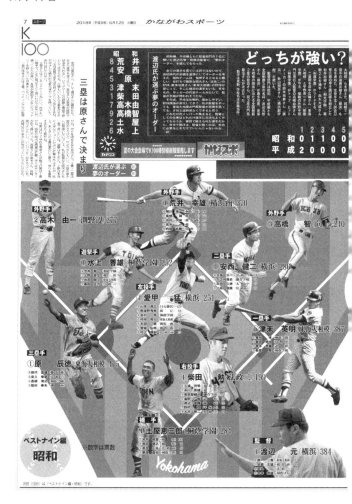

ドリームチーム 平成？

位に輝いた渡辺元智・前横浜監督に、組んでもらった。

平	成
8	秋山
6	平野
9	高橋由
5	筒香
7	鈴木尚
1	松坂
3	後藤
2	高木大
4	田中広

全ての選手を見ている訳ではないので、高校時代の実績を基準にしてオーダーを考えた。昭和チームは、指揮するとなると難しい。右打ちで緻密な田丸さん（法政二）の野球、豪快な原さん（東海大相模）の野球が混じって、そこに横浜の選手もいる。多文化の、サッカーの代表チームみたいで、監督の手腕が問われそうだな。

その点、平成は比較的、動かしやすい。野球理論が進化してきて、私が監督をやっても、東海大相模の門馬監督が指揮を執っても、さほど違和感なくできると思う。

これだけのメンバーが集まると、監督としての仕事はどれだけ選手に気持ちよくやってもらうか。練習で鍛えられた選手だから、自分で動ける。監督が動くのは、本当に必要なときだけでいいんじゃないかな。

平成編 外野はすごいメンバー

投手は松坂と松井で決まりか

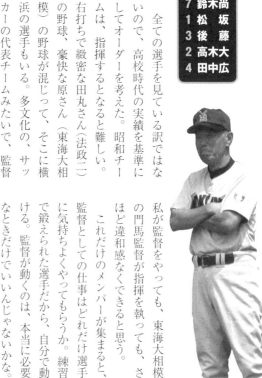

昭和？ どっちが強い？

昭和編、平成編ともに監督部門の1 “夢のオーダー”を

昭和	
8	荒井
4	安西
5	原
3	津末
1	柴田
7	高木由
9	高橋智
2	土屋
6	水上

な。小笠原は2年から出場しており全国制覇。松井に匹敵する。菅野はプロ入り後のイメージが強い。松坂は本当は3、4番を打たせたいところだけど、このチームではね。

高木をはじめ、バッテリーで輝く、投手との共同作業ができる選手が並んだ。先発が松坂なら小山になるし、投手に合わせて捕手や守りの起用も変わる。

4番・三塁は筒香。高校時代だけなら紀田はよく打ったけどね。遊撃は平野と平馬で悩む。ともに足が速くて、平馬は上手かった。平成では野球も進化して、横浜のような細かな野球が主流になった。

一塁は後藤。チャンスメーカーで打順は7番。田中広―平野の二遊間であれば守りがいいので、一塁は一発のある圓垣内を起用することもできる。守りをとるなら副島、田中大。

外野は高橋、鈴木尚、秋山で、全員がリーディングヒッターじゃない？　1番・秋山、3番・高橋、5番は鈴木尚。すごいメンバーになった。鈴木尚は打撃もいいし、ドタバタしているように見えるけど走ると速い。多村はプロに入っ

てからのイメージが強いかな。

昭和編 三塁は原さんで決まり

先発は柴田さん、そして渡辺さんに継投かな。左なら愛甲を使うけど。柴田さんは制球が抜群で試合を作れるし、ビッグゲームの経験も豊富で安心して任せられる。打撃もいいから5番を任せたい。左は素質で言えば志村さんという気もするね。村中さんも絶対的な変化球カーブを持っていて、あれは打たれない。

土屋さんはインサイドワークがいい。片平もいい捕手で、ともに肩がすごく強いわけではないが、捕ってからが速い。先発が柴田さんならバッテリーを組んでいた奈良さんもいい。

一塁の津末さんは4番、バッティングでの起用だね。守りを固めるなら長内さん。2番・二塁は安西だろうけど、竹之内さんもいい。三塁の原さんは間違いないでしょ。私が監督なら田代さんを一塁で使いたいね。遊撃は水上さん。上野は本当に上手なショートだけど打撃は水上さんが一枚上。水上さんの9番は面白いと思う。守りを重視するなら上野だね。

外野は打てて守れる荒井さんが軸で打順は1番だね。昭和の時代は両翼は打撃、守りはセンターが担う感じだった。高橋さんや高木さん、長崎、関川さんといい、いいバッターがそろっている。長崎は江川卓さんが怖がっていたぐらいだから。

（談）

「神奈川高校野球ベストナイン」――。神奈川大会で前人未到の5連覇を達成した法政二の柴田勲に始まり、名プレーヤーたちが刻んできた「真夏の球譜」は、そのまま神奈川高校野球の歴史と重なる。

（佐藤　将人）

刻まれた真夏の球譜

ベストナイン昭和編に選ばれた最も古い選手は、右投手部門の**柴田勲**（1961年）だ。名将**田丸仁**＝監督部門4位＝が率い、今も破られぬ神奈川大会5連覇を成し遂げた当時の法政二が輩出した大エースは60年夏、61年春と甲子園を連覇した。

抜群の完成度を誇った右腕は、ともに「2強」に数えられていた慶応の剛速球投手・**渡辺泰輔**（60年）を最大のライバルと思っていた。「渡辺さんに勝ったっていう自信があったから、甲子園も優勝できた」と振り返る。

その後、63年の横浜の初優勝を挟み、64～68年の5年間は武相が4度も制して黄金期を迎える。県勢として法政二に続く夏の全国制覇は70年の東海大相模だった。

監督部門で2位に入った**原貢**が、田丸がつくり上げた「田丸野球」を打倒に掲げて就任4年目で成した快挙だった。

続く71年には「田丸野球の孫弟子」に当

たる青年監督の**木本芳雄**が率いる桐蔭学園が、初出場で夏の甲子園を制覇した。当時のナインから**土屋恵三郎**（71年）が捕手部門で得票1位だ。

土屋は後に木本から同校を引き継ぎ、通算10度の甲子園に導き、監督としても神奈川球史に名を残している。今は星槎国際湘南を率いる土屋は、「育てた選手全員が俺の財産」と笑う。

71年の準決勝では主砲に2年生の**田代富雄**（72年）＝三塁手部門2位＝を据える藤沢商（現藤沢翔陵）が桐蔭に惜敗していた。

その後、神奈川の覇権を握ったのは原貢率いる東海大相模だった。特に息子である**原辰徳**（76年）との父子鷹では3年間、神奈川の夏は一度も負けず、77年も含めて4連覇。後に巨人の4番、監督、侍ジャパンで世界一にもなる辰徳は礎となった高校時代を感謝しながらも、父貢のあまりに厳しい指導に「もしあれをもう一度やるかと言われても、絶対にやらない」と断言する。

昭和編の最多得票の辰徳とともに、一塁ではチームメートの**津末英明**が選ばれた。自身もプロ入りする強打者だったが、その高校時代については「一番近くで辰徳のすごさを見てきたよ」と謙虚に語る。

その2人に煮え湯を飲まされたのが、遊撃部門で選出の桐蔭学園・**水上善雄**だ。守備の名手として鳴らしたが、3年夏は相模の辰徳にサヨナラ打を打たれ、準々決勝で姿を消した。

金属バットが採用されたのは東海大相模の連覇が始まる74年。「打ってなんぼ」の野球が飛ぶバットによって開花したのだが、貢が辰徳の進学に合わせて東海大に移って以降、タテジマは夏に勝てない暗黒時代に入る。

代わって地位を確立したのが、監督部門で1位の**渡辺元**（当時）が率いる横浜であり、同3位の**古屋文雄**が指揮する横浜商（Y校）だった。

80年は横浜が左投手部門1位の**愛甲猛**、二塁手部門1位の**安西健二**（ともに80年）という後にプロ入りする2人を擁し、悲願の夏の甲子園初制覇を遂げた。渡辺がまだ「ばりばりの武闘派」だった頃に鍛えられた愛甲は、当時を「練習に比べれば試合の緊張感なんて屁でもなかった」と笑い飛ばす。

この年の決勝で破った早実（東京）のエース荒木大輔の名をとった男の子が、「平成の怪物」となって横浜を2度目の夏全国制覇に導くのだから、ドラマチックだ。

この後に黄金期を迎えるのはY校だった。〝ジャンボ〟こと**宮城弘明**（80年）が79年夏の決勝で、同い年の愛甲との投げ合いを制してY校を46年ぶり優勝に導くと、以降の11年間で5度も夏を制したのだ。

82年春は外野部門で最多得票の**荒井幸雄**（82年）を主力とし、選抜甲子園で4強入り。翌年はエース**三浦将明**（83年）＝右投手部門2位＝が春夏の甲子園で連続準優勝を遂げた。監督の古屋が繰り出す積極策は「ワイワイ野球」として神奈川を席巻した。

三浦と同い年には、日大藤沢の**山本昌広**（83年）＝左投手部門2位＝がいた。プロ最高齢登板記録を持つレジェンドにとって、2年春にY校に喫した大敗は、「あれがなければ後の自分はなかった」と言うほどの転機となった。

外野手部門で選出の向上の「デカ」こと**高橋智**（84年）は、決勝で桐蔭と当時の最長延長記録である延長十四回の末に破れた。プロで通算124本塁打を放つ強打者は延長十二回裏に無死一塁から送りバントを失敗したことを、今も悔やむ。

同じく外野で選ばれた**高木由一**（66年）は、渕野辺（現麻布大付）で野球部を創部し、相模原市役所を経てプロ入りした変わり種。後にベイスターズのコーチとして「マシンガン打線」を育て、98年にはハマに日本一をもたらした。

そして昭和最後の1年となる88年（昭和63年）。柴田を輩出した法政二が9度目の神奈川大会優勝を飾り、時代は平成へと移る。昭和の神奈川を象徴した名門は、これを最後に甲子園から遠ざかることになる。

ニュースターの時代

平成の神奈川高校野球は横浜の優勝で幕を開けた。1989年の優勝の立役者となったのが当時2年の**鈴木尚典**（90年）＝外野手部門2位＝だった。後に首位打者としてベイスターズを38年ぶりの日本一に導く「横浜の星」だった。

平成が生んだニュースターと言えば、やはり外野手で最多得票の**高橋由伸**（93年）だろう。「根性」や「泥くささ」とは一線を画すハンサムボーイは、捕手部門1位で2歳上の**高木大成**（91年）を押しのける大活躍。1番打者を奪う形となったにもかかわらず、「何でか分からないけど、打てちゃう」と屈託なく笑って周囲をひやひやさせたという。

高橋と同い年の名ショートが横浜の**平馬淳**（93年）＝同部門2位＝だった。現在は社会人の名門・東芝を率い、監督として日本一を目指す。

桐蔭は90年代に4度も神奈川の夏を制する黄金時代を迎える。しかし97年に遊撃手部門1位の**平野恵一**（97年）が主将として甲子園に出場し、2年後の99年に6度目となる優勝を飾って以降、夏の甲子園からは遠ざかることになる。

桐蔭と覇権を争っていたのが、監督部門で1位の**渡辺元智**率いる横浜だった。98年は右投手部門、一塁手部門でそれぞれ断トツの**松坂大輔**、**後藤武敏**ら最強世代が、春夏の甲子園を連覇。夏は今も伝説と語り継がれるPL学園（大阪）との延長十七回の準々決勝や、0—6から大逆転した明徳義塾（高知）との準決勝、そしてノーヒットノーランでの日本一決定と最後までドラマチックだった。

渡辺と名参謀の小倉清一郎による指導が

確立され、2000年以降は横浜がほぼ隔年で優勝していくことになる。08年の甲子園では2年生の**筒香嘉智**（09年）が1試合最多タイとなる8打点を叩き出すなど、大爆発。「松坂世代」の栄光を見た野球少年が、続々と横浜の門をたたく好循環が生まれていた。

横浜という厚い壁を破ろうと挑んだ男たちもすごかった。横浜商（Y校）の**山口鉄也**（01年）＝左投手部門3位＝や、横浜商大の**田沢純一**（04年）＝右投手部門3位、横浜創学館の**秋山翔吾**（06年）＝外野部門3位＝ら、後にプロの世界で飛躍する好プレーヤーも多く輩出されている。

一方で長い雌伏の時を過ごしていたのが、監督部門2位の**門馬敬治**率いる東海大相模だった。特に06～08年は夏の決勝で3年連続敗れるという悲運にまみれた。

07年は、エースに右投手部門2位で2017年のプロ野球・沢村賞の**菅野智之**がいて、野手には二塁手部門1位でセ・リーグ連覇中の広島の1番打者を務める**田中広輔**（いずれも07年）がいながらも、桐光学園に逆転負けした。

原貢の孫、そして原辰徳の甥という宿命を背負った菅野は「僕は違うものとも戦っていたということ」と振り返る。「30年以上勝てていない」という事実は、あまりに重くのしかかった。

しかし、10年にエース一二三慎太（元阪神）らを擁して33年ぶりに夏の扉を開くと、一気に解放された。その夏に甲子園で準優勝すると、14年からは神奈川を連覇。15年には左投手部門2位の**小笠原慎之介**(15年)の投打にわたる活躍で、ついに原貢以来、45年ぶりとなる全国制覇を成し遂げた。

甲子園の歴史を塗り替えた神奈川のサウスポーが、**野呂雅之**＝監督部門4位＝率いる桐光学園の**松井裕樹**（13年）だった。12年に夏の甲子園での新記録となる1試合22奪三振を記録。バットに当てることすら至難のスライダーを武器に、同校を初の8強に導いた。左投手部門では断トツの得票数だった。

平成期には、名将の世代交代も注目を集めた。

15年、横浜を常勝に育てた渡辺がついに勇退。その夏の決勝で、東海大相模の門馬が引導を渡し、さらに県勢として「松坂以来」となる日本一までたどり着いたことは、時代の移り変わりを象徴していた。

門馬は渡辺自身から「渡辺後」の神奈川を背負う監督として指名され、本人も「常に旗（優勝旗）がある神奈川にしなければならない」と期待に応えようとしている。

それは田丸仁の法政二が、原貢の東海大相模が、渡辺の横浜が、「神奈川を制するものは全国を制する」と言わしめていたプライドを、いま一度取り戻そうという心意気の表れだ。

（かっこ内は3年時の西暦）

多くの高校野球ファンが選んだ神奈川高校野球ベストナイン。どうだったろうか？　「文句なし」の部門もあれば、票が割れて「私だったらなあ」という声が聞こえそうなポジションもある。

仮に昭和と平成が「高校時代」に対戦するとして、１試合限りとすれば、最も抑える投手は柴田勲さんでも、愛甲猛さんでも、松坂大輔さんでもなく、松井裕樹さんではないかなあ―と思う。原辰徳さんら昭和の大打者たちも、初見であのスライダーを打てるとは考えづらい。

金属バット時代になった1974年から神奈川を４連覇した東海大相模の監督原貢さんは、当時の紙面でこう語っていた。「もう剛速球だけで抑えられる時代ではない。練習ができないような球を投げる投手を育てるのが一番勝てる」

昭和と平成

夢の対決　行く末は

神奈川の長い歴史の中で、最も「練習できない球」は松井さんのスライダーではないだろうか。

野球に限らずスポーツは進化している。その意味で平成が有利なのは間違いないだろう。ただ夢の対戦が、興行ではなく、誇りを懸けたガチンコの一発勝負になったとすれば、昭和の名選手たちの胆力がものをいう気がする。理不尽な指導が当然だった時代を生き抜いた方々からすれば、平成世代はそれこそ「なめんなよ」だろう。

ただ松坂世代の記者としては、最後の最後で打者としても非凡な〝平成の怪物〟が逆転本塁打を放って昭和を破る―そんな夢を見たい。スコアはもちろん８―７。野球において最も面白い展開とされる、「ルーズベルトゲーム」だ。

「真夏の球譜」は延長戦へ　―あとがき

夏の甲子園の100回大会を前に、神奈川高校野球のパワーを詰め込んだ、すごい一冊ができたなあと感じている。

運動部デスクとなった昨春、最初の部会で「来夏、高校野球が100回大会を迎える。100回連載をやって、神奈川の高校野球の魅力を書き尽くそう」と若い記者たちに呼びかけた。歴代の記者が居酒屋で酒を酌み交わすたび、「もう一度ちゃんと取材したいなあ」と名前を挙げていたような神奈川育ちの名選手を全員取材して、今まで誰も書かなかった、見たこともない高校野球の連載をやりたかった。

本書には2018年の正月から、本紙スポーツ面のカラー丸々1ページを連日使って6月まで100回以上続けた連載「K100　神奈川高校野球」のうち、スーパースター編15人、現役ヒーロー編14人を取り上げた計49回分の記事と、高校野球ファンのみなさんと一緒に選んだベストナイン編に加筆修正して収録している。

神奈川が生んだスーパースターたちを巡る旅は、実にスリリングであった。原辰徳さんの口から「われわれは県央でしょ」と横浜地区との対戦に燃えていた高校時代が明かされ、「横浜側のやつらに負けていられねえ」と力を込めて語ったのは逗子出身の愛甲猛さん。高橋由伸さんが「衝撃でしたね」と振り返ったのが、県立の伊志田に敗れた一戦だった。

柴田勲さんと渡辺泰輔さんの伝説の投げ合いを58年前に平和球場で見て感激していた少年が、後に横浜、横浜商（Y校）の名参謀となる小倉清一郎さん。甲子園には届かなかった田代富雄さんや山本昌広さんの言葉も味わい深い。阿波野秀幸さんは、もう一度人生があったら「私学で甲子園に出てみたい」と打ち明けてくれた。

私自身、神奈川の高校野球をはじめて球場で観戦したのは1982年夏の横浜スタジアムだった。友人たち10人ほどで観に行ったのが法政二―日大の決勝戦。子ども心に「渋いカードだなあ…」と思ったのを覚えている。その80年代は神奈川高校野球にとってまさに黄金期だった。横浜の全国制覇、池田やPL学園と名勝負を繰り広げたY校の春夏甲子園準優勝、志村亮さんの桐蔭学園…。当時、甲子園のアルプス席に何度も駆け付け、憧れのチームを応援したワクワク感を思い出し、自ら取材に飛び出したい衝動に駆られながらも、その思いを託した若い記者たちが珠玉のエピソードを続々と持ち帰ってきてくれた。

現役ヒーロー編も、ほかでは読めない内容になったと思う。筒香嘉智さんや菅野智之さんが待っていましたとばかりに、「高校野球のシステムを変えないと日本の野球界はよくならない」「昔の伝統というけど、そんなの壊していかないと、野球界としてダメになる」──と力強く発信してくれた。現役トップ選手の勇気ある提言に対し、記事を読んだ複数の高校野球関係者から前向きな反応があったことも付け加えておきたい。

連載中は読者のみなさんから、多くの叱咤激励を寄せていただいた。高校野球を愛するみなさんに「神奈川高校野球が満載のこんな連載を読みたかった」と喜んでいただきたい一心で走ってきた。久しぶりに訪ねて行った本紙の運動部記者に対し、ときに予定時間をオーバーして語ってくれた本書に登場する総勢29人の元神奈川高校球児のスーパースター、現役ヒーローたち、多忙なスケジュール調整に快く応じてくれた各球団の広報の方々、さらに周辺取材に協力していただいた多くのみなさんに深く感謝します。

ただ、106回に及んだ連載の全てを一冊に詰め込もうと試みたものの、熱い原稿の数々を削るわけにはいかず、ページ数は大幅にオーバーしてしまった。まだまだ書き尽くせない神奈川高校野球の魅力は、近々刊行予定の下巻でたっぷりとお届けしたい。全国のライバルや公立の名選手、名監督たちが神奈川の高校野球を大いに語ってくれています。また、お会いしましょう。

2018年初夏、南北神奈川大会開幕を前に。

神奈川新聞運動部デスク　真野太樹

かもめ文庫 ———————— ⑳

K100 神奈川高校野球 真夏の球譜（上）

2018年7月30日 初版発行

編 著 神奈川新聞運動部

発 行 神奈川新聞社
〒231-8445 横浜市中区太田町2-23
電 話 045(227)0850(出版メディア部)
FAX 045(227)0785

デザイン 神奈川新聞社デザインセンター

印 刷 図書印刷株式会社

©Kanagawa Shimbun, 2018 Printed in Japan
ISBN978-4-87645-582-9 C0175

本書の記事、写真のコピー、スキャン、デジタル化等の無断複製は、法律で認められた場合を除き、著作権の侵害になります。

定価は表紙カバーに表示してあります。

落丁本・乱丁本はお手数ですが、小社宛お送りください。送料小社負担にてお取り替えいたします。

「かもめ文庫」発刊について

明治の近代化から一世紀余り、戦後の米軍進駐からすでに三十年余、神奈川といえば日本のどこよりも移動の激しい土地柄、変化の目まぐるしい地域社会として知られています。特に戦後は、都市化・工業化と呼ばれる時代の波を頭からかぶり、郷土かながわの山河・人心は一変しました。

しかし、自らの足もとを見直そう、自分の生活周辺をもう一度見つめ直したいという欲求は、年とともに高まるばかりです。神奈川生まれでない神奈川県民、ふるさとを別に持つお父さんお母さんのあとに、いまではたくさんの神奈川生まれが続いています。

イギリスに「われわれは、別れるためにのみ会っている」という古いことわざがあります。日本語の「会者定離」や「会うは別れの始め」をほうふつさせます。茶道から出た「一期一会」も同じ根っこからの発想と申せましょう。私たちは離合集散の激しい社会、うつろいやすい時代に生きているからこそ、ただひとたびの出会いを大切にしたいものです。

「かもめ文庫」は、七百万県民の新しい出会いの場、触れ合いの文庫として創刊されました。照る日・曇る日、いつも私たちの頭上で無心に舞っている県の鳥カモメ。私たちはこの文庫を通し、神奈川の昨日・今日・明日に出会うことを願って、一冊一冊を編んでいきたいと思います。

1977年11月